Stefan Meetschen

Das geheimnisvolle Leben der ANNA SCHÄFFER

Stefan Meetschen

Das geheimnisvolle Leben der ANNA SCHÄFFER

Mystikerin des Leidens

media
maria

Bibliografische Information: Deutsche Nationalbibliothek.
Die Deutsche Nationalbibliothek verzeichnet diese Publikation in der Deutschen Nationalbibliografie; detaillierte bibliografische Daten sind im Internet über http://dnb.ddb.de abrufbar.

Die Schreibweise der Zitate wurde der neuen deutschen Rechtschreibung angeglichen.

Das geheimnisvolle Leben der
ANNA SCHÄFFER
Mystikerin des Leidens
Stefan Meetschen

ISBN 978-3-9479312-1-7

www.media-maria.de

Inhalt

Prolog

Die Wendepunkte des Lebens – manchmal vollziehen sie sich mit spektakulärer Schroffheit, geradezu brutal. Der Wendepunkt im Leben der heiligen Anna Schäffer ereignete sich am 4. Februar 1901, als das damals 18-jährige Mädchen in einem Forsthaus in der Nähe von Ingolstadt arbeitete. Die typischen Hausarbeiten waren ihr aufgetragen worden. Da stellte sie fest, dass sich ein Ofenrohr gelöst hatte – über einem Waschkessel. So durfte es nicht bleiben, sie musste es reparieren. Doch was passierte? Anna Schäffer glitt »unglücklicherweise aus und rutschte mit beiden Beinen bis über die Knie in einen Kessel mit kochender Lauge«.[1]

Ihr Leben sollte von diesem Moment an anders verlaufen, als sie es sich ersehnt und erhofft hatte. Völlig anders. Doch Anna Schäffer willigte ein – in die Pläne Gottes, welche die Vernunft und die Maßstäbe des Menschen übersteigen. Nicht sofort, zunächst widerstrebend, doch dann ganz ergeben. Sie sagte »Ja« zu dem Weg, den Gott für sie bereitet hatte. Einem sehr harten Weg – 25 Jahre sollte Anna Schäffer im Bett verbringen, ihrer »Leidenswerkstatt«, wie sie selbst ihr Krankenlager bezeichnete, das mit vielen körperlichen Schmerzen und zahlreichen Entbehrungen verbunden war. Wie kann man das ertragen? Anna Schäffer setzte auf Ganzhingabe. Sie nutzte die Zeit, die ihr gegeben war, um ganz für Gott und die Menschen da zu sein. Mit zahlreichen Briefen antwortete Anna Schäffer denjenigen, die sich in ihrer Not an sie, die »Schreiner Nandl«, wie man sie in ihrem bayerischen Geburtsort nannte, wandten. Sogar bis nach

Amerika ging die Post. Niemand, der sich an sie richtete, enttäuschte Anna Schäffer. Manchmal schmückte sie ihre Briefe sogar mit einem selbst verfassten Gedicht, in dem sie Gott die Ehre gab. Jesus, ihrem persönlichen Erlöser. Dem Heiland. Dazu nähte und stickte sie, was ihr neben einer kümmerlichen Frührente ein sehr bescheidenes Nebeneinkommen bescherte.

Leiden, schreiben, sticken – Anna Schäffer selbst hat diese drei einfachen Tätigkeiten, die ihr Leben ausfüllten, als ihre »drei Himmelsschlüssel« bezeichnet.[2] Die Türöffner zur Ewigkeit.

Was das Schreiben betrifft, so besaß sie trotz ihrer elegant-ordentlichen Schrift, ihrer nüchtern einfühlsamen Worte keinerlei schriftstellerischen Ehrgeiz. Es war ein Dienst, der von Herzen kam und den sie mit Bescheidenheit, mit Demut ausübte. »Ich schreibe nur immer so, wie's mir im Herzen ist. Was würde es nützen, wenn ich ganze Bücher schreiben würde und meine Seele wäre weit entfernt von dem Geschriebenen? Bleiben wir ganz klein in den Augen aller, das macht glücklich und bringt uns großen Herzensfrieden.«[3]

Eine passendere Einstellung für ein Buch über Anna Schäffer kann es eigentlich nicht geben. Ganz klein bleiben. Zumal bei einer Biografie wie dieser, die kein genialischer Wurf ist und sein kann, sondern sich so faktentreu wie möglich auf die Arbeit anderer Autoren und Forscher stützt, die in den vergangenen Jahrzehnten viel Zeit und Kraft auf die Durchleuchtung des Lebens dieser geheimnisvoll-verborgenen Heiligen investiert haben: von Friedrich Ritter von Lama bis Pfarrer Alfons Maria Weigl, vom Priester-Dichter Konrad Zoller bis hin zu Prof. Dr. Georg Schwaiger, die Anna Schäffer allesamt biografisch gewürdigt haben. Vor allem aber einem Mann verdankt dieses kleine Buch wesentliche Hinweise und Informationen: Prälat Emmeram H. Ritter, dem langjährigen Leiter der Abteilung Selig- und Heiligsprechungsverfahren in der Diözese Regensburg, der nicht nur die Briefe der Heiligen veröffentlicht, sondern auch eine umfassende Biografie verfasst hat, die rechtzeitig zur Heiligsprechung im Jahr 2012 erschienen ist. Fast 700 Seiten Lesestoff mit vielen interessanten Zeugnissen, Materialien sowie von Herzen kommenden bayerischen Anekdoten und Hintergrundinformationen. Ohne Prälat Ritters Buch wäre diese Biografie, in der das Wesentliche in chronologischer Ordnung ersichtlich werden soll, nicht möglich gewesen. Aber auch seinem Nachfolger im Amt, Domvikar Msgr. Georg Franz X. Schwager, gebührt als Herausgeber aktueller Werke von und zu Anna Schäffer ein besonderer Dank, gerade was die Schilderung des Ablaufs der Heiligsprechung und die zahlreichen Gebetserhörungen in jüngster Zeit betrifft. Denn was sehr wichtig ist: Das Kapitel Anna Schäffer ist nach erfolgreicher Selig- und Heiligsprechung keineswegs abgeschlossen. Vielmehr scheint ihr eigentlicher himmlischer Einsatz gerade erst begonnen zu haben, wie es auch eine offizielle Statistik belegt.

So ist das Ziel dieses Buches also ein kleines und doch auch ein großes: Das Leben Anna Schäffers, das fernab vom großen Treiben der Welt ablief, chronologisch und in möglichst realistischer Weise zu schildern. Auch wenn ihr Leben nach dem Unfall durch ihre jahrelange Bettlägerigkeit gezwungenermaßen handlungsarm war. Jedenfalls nach den üblichen Maßstäben, wie sie auch in der heutigen Action- und Event-Kultur gelten. Anna Schäffer wurde keine Missionarin, die ferne Länder bereiste, was sie ursprünglich ersehnt hatte, aber sie unternahm geheimnisvolle mystische Reisen, »Träume« – die sie nach Jerusalem oder auf die Schlachtfelder des Ersten Weltkriegs führten. Sie sah nicht die Metropolen Europas und der Welt, sondern blieb in ihrem engen Winkel zwischen Regensburg und Ingolstadt, doch im Laufe der Jahre wandten sich Menschen aus der ganzen Welt an sie. Anna Schäffer strebte nicht nach Ehre und Prominenz, doch ihr Dienst sprach sich herum – und gelegentlich suchten Persönlichkeiten aus allen Schichten der Gesellschaft bis hin zum bayerischen Königshaus und Persönlichkeiten aus Kirche und Medien ihre Nähe, ihr Gebet und ihren Rat. Sehr häufig waren es auch einfache Kinder, zu denen sie einen ganz natürlich-übernatürlichen Draht besaß.

Schön wäre es, wenn der Leser bei der Lektüre dieses biografischen Aufrisses das Gefühl hätte, ganz nah bei Anna Schäffer zu sein, sich trotz aller zeitlichen und räumlichen Distanz in der ersten Reihe ihres geheimnisvollen Lebens zu befinden, ihre Träume und ihr weiteres Wirken persönlich mitzuerleben. Vielleicht sogar zu spüren, dass diese Heilige, die das irdische Leben mit seinem ganzen bitteren Geschmack erfuhr, ohne selbst bitter zu werden, weiterhin da ist, weiterhin für die Nöte und Sorgen der Menschen offen ist. Mag sich das Leben heute mit Social Media und globaler Vernetztheit auch kolossal von ihrer damaligen Lebenswirklichkeit unterscheiden. Anna Schäffer selbst hat es versprochen: »Und werde ich einmal in der Ewigkeit drüben so glücklich sein, dahin zu gelangen, wo Jesus ist, dann werde ich euch allen eine rechte Fürbitterin sein!«

1. Geburt und Kindheit (1882 bis 1893)

Anna Schäffer kam in bescheidenen Verhältnissen zur Welt: am 18. Februar 1882 in dem Dorf Mindelstetten, das mitten in Bayern zwischen Regensburg und Ingolstadt liegt und »damals zum oberpfälzischen Bezirksamt Beilngries« gehörte und 529 Einwohner hatte.[1] Genau um 7 Uhr morgens, an einem Samstag, kam sie zur Welt.[2] Ihr Vater Michael Schäffer (1855–1896) war von Beruf Schreiner. Ihre Mutter Therese (1853–1928), geborene Forster, kümmerte sich um die religiöse Erziehung des Mädchens und ihrer Geschwister: Michael (1877–1927), Leopold (1880–1914), Kreszenzia (*1884), Katharina (1886–1966), Johann Baptist (*1888). Zwei weitere Geschwister verstarben früh: Jakob (1890–1890), Therese (1892–1893).[3]

Unmittelbar vor Annas Geburt hatten die Eltern ein kleines Bauernhaus erworben, bei dem auch eine Schreinerei eingerichtet wurde.[4] »Das kleine bescheidene Haus bot der Familie ein echtes Zuhause. Es bestand aus einer Küche, die auch als Aufenthaltsraum diente, einer Schlafkammer für die Eltern, einem Abort in der damaligen Bauweise sowie der Schreinerei. Die Kinder schliefen im Dachgeschoss. Das Haus war in der damals in der Oberpfalz vorherrschenden Jurabauweise erbaut, das Dach gedeckt mit Kalkschieferplatten. Ein kleiner Vorgarten ergänzte den Besitz.«[5]

Emmeram H. Ritter hebt hervor: »Die Bewohner des Dorfes, meist in der Landwirtschaft tätig, lebten zum größten Teil in bescheidenen Verhältnissen an der Grenze zwischen

Auskommen und der damals gewohnten Anspruchslosigkeit.«[6]

Auch bei Familie Schäffer war das Geld öfter knapp, sodass Annas Vater nebenberuflich als Musiker in Wirtshäusern auftreten musste. Dass er dabei auch hin und wieder einen über den Durst trank, versteht sich eigentlich von selbst.[7] Die bayerische Wirtshauskultur hatte und hat schließlich nichts Asketisches an sich. Annas Mutter hingegen, so wird berichtet, war eine »äußerst sparsame, fleißige und geduldige Frau«, die sich um Anna kümmerte, wenn diese als Mädchen krank wurde, was offensichtlich gar nicht so selten der Fall war.[8] So schrieb Anna Schäffer später einmal: »Der lb. Heiland hat mich schon in den Schuljahren manche schwere Krankheit verkosten lassen, sodass es oft schien, als stehe ich am Rande des Grabes. Und so kam immer ein Vorposten nach dem anderen, bis mich der Herr als junges Bäumchen in seinen Leidensgarten verpflanzte.«[9]

Waren ihre Noten in der Volksschule zunächst eher durchschnittlich, so entwickelte sich Anna Schäffer doch schon bald zu einer sehr guten Schülerin. Auf einem Foto, das sie als neunjähriges Schulmädchen zeigt, wirkt sie recht ernst und aufmerksam. Eine prüfende, schüchterne Beobachterin? »Anna tat alles, was man ihr anschaffte, und arbeitete flink und sauber. Eines aber mochte sie nicht: das Einkaufengehen oder fremde Häuser betreten. Sie betete gern, oft und viel, zog sich dabei in einen Winkel zurück, damit sie nicht gesehen werden konnte. Sie liebte innig das Jesuskind und verehrte vor allem die liebe Gottesmutter, den hl. Joseph und den hl. Nikolaus, den Patron der Pfarrkirche von Mindelstetten.«[10]

Am 12. April 1893 war der Tag von Annas Erstkommunion. Sie war damals elf Jahre alt. Die Art und Weise, wie sie diesen religiösen Festtag beging, ist erstaunlich. So berichtete ihre Schwester Katharina, dass Anna »ein schönes weißes Florkleid aus dünnem Seidengewebe« trug und »eine himmelblaue Schärpe«; der Versuchung der Eitelkeit vorbeugend, band sie sich aber auch Brennnesseln auf den Körper.[11] Dazu verfasste Anna Schäffer ein Gebet, einen »Vorsatz«, den sie viele Jahre später erneuerte. Dieser Vorsatz wirkt wie ein frühreifes Manifest ihres außergewöhnlichen geistlichen Weges; so als hätte sie das ihr bevorstehende Leidensschicksal bereits damals schon geahnt oder es prophetisch vorwegnehmen wollen: »Vorsatz bei der ersten hl. Kommunion! O lieber guter Jesus, heute bei meiner ersten hl. Kommunion, weihe u. opfere ich Dir mein Herz u. meine Seele. Verlass mich nicht, o Du lb. Jesus, auf dieser Pilgerfahrt und mache mit mir, was Du willst; ich will auch immer recht brav sein u. folgen, damit ich Dir, o lb. Jesus, recht viele Freuden machen kann. Ich will Dir, o guter Papa Jesu, Sühne leisten; u. wenn Du willst, o guter Papa Jesu, lass mich ein Sühneopfer werden; für alle Unehre u. Beleidigungen, welche wider Dich, o guter Jesus [...]. Dir empfehle ich auch, o guter Jesus, meine lb. Eltern und Geschwister [...]. Ich empfehle Dir auch meinen guten Beichtvater, alle meine Freunde u. Feinde. Ich will brav sein u. folgen.«[12]

2. Frühe Dienste (1894 bis 1901)

Ein Jahr später, am 16. Juni 1894, empfing Anna Schäffer in Neustadt a. d. Donau das Sakrament der Firmung durch Ignatius von Senestrey (1818–1906), den damaligen Bischof von Regensburg.[1] Ihr Berufswunsch stand bereits fest: Sie wollte Missionsschwester werden. Da sie von ihren Eltern die für einen Ordenseintritt nötige Aussteuer aber nicht erwarten konnte, blieb ihr nichts anderes übrig, als sich dieses Geld selbst zu erarbeiten. »Sie verließ als Dreizehnjährige nach Abschluss der Volksschule ihr Elternhaus in Mindelstetten und fand Arbeit bei der Homöopathin Antonie Eickermann in Regensburg, die in einem der Baron-Aufseß-Häuser wohnte und eine Heilanstalt für Hautkranke führte. Anna musste helfen, die Kranken zu pflegen. Es befanden sich dort meist an Schuppenflechte oder anderen Hautkrankheiten – vielleicht auch an Geschlechtskrankheiten – leidende Patienten. Trost und Zuflucht fand sie beim täglichen Besuch der hl. Messe um fünf Uhr früh in der Kapelle im Hof des Anwesens. Sie wurde so streng gehalten, dass sie nicht einmal ihren eigenen Bruder, der in Regensburg eine Schreinerlehre machte, besuchen durfte.«[2]

Streng und traurig begann auch das kommende Jahr, 1896. Annas Vater lag im Sterben. Da es sein Wunsch war, von seinen Kindern Abschied zu nehmen, machte sich Anna Schäffer im Januar 1896 auf den Weg nach Mindelstetten. Dort ereignete sich eine bemerkenswerte Begegnung: »Einen Tag vor seinem Ableben, am 24. Januar 1896, ging sie des Abends zusammen mit ihrer Schwester Kathi in die Kirche, um für den schwer leidenden Vater zu beten. Da sah sie plötzlich die Muttergottes, die öfter im Kreis ging, der im Boden aufgezeichnet war, und Anna freundlich zulächelte. Kathi, die eingeschlafen war, konnte Maria nicht sehen.«[3] Als Anna Schäffer ihrer Mutter von dieser Erscheinung berichtete, bat diese sie, niemandem davon zu erzählen und auch sonst kein Aufheben davon zu machen. Klugheit oder angespannte Nerven? Man kann sich vorstellen, dass Anna Schäffers Mutter aufgrund des Gesundheitszustandes ihres Ehemannes während dieser Zeit wenig Sinn für Visionen hatte. Am Tag darauf starb Annas Vater an Lungentuberkulose.

Viel Raum für Trauer über den Verlust blieb Annas Mutter, Therese Schäffer, nicht. Sie musste nun schnell nach einem praktikablen Weg suchen, wie sie sich selbst und ihre vielen Kinder ernähren konnte. Die Lösung lag auf der Hand: Der älteste Sohn übernahm die Schreinerei und Anna musste in Mindelstetten bleiben, um – zumindest aushilfsweise – durch die Arbeit bei einem Bauern etwas Geld für die Familie dazuzuverdienen. Ein hartes Los. Dazu ein Rückschlag für ihre internationalen Pläne. Keine Aussteuer, keine Ordensberufung, ergo: keine Mission.

Erst im Herbst 1897 tat sich eine neue Perspektive auf, denn Mindelstetten bekam mit Karl Rieger (1862–1934) einen neuen Pfarrer. Dieser sensible und pflichtbewusste Geistliche erkannte nicht nur früh Anna Schäffers besondere Frömmigkeit, er förderte sie auch, indem er ihr eine Stelle in Landshut vermittelte. Vermutlich ab dem Beginn des Jahres 1898 arbeitete Anna Schäffer als Dienstmädchen bei Peter Cornelius, der später städtischer Schlachthofhallenmeister wurde, und seiner Ehefrau Maria.[4] Hier in der Bergstraße 152, wo sie in einer kleinen Kammer wohnte, hatte Anna Schäffer ein weiteres mystisches Erlebnis, das sich in einem Traum zutrug, wie sie später in ihrem sogenannten »Traumbuch«, in dem sie wichtige Visionen festhielt, berichtet hat: »Im Juni 1898 hatte ich einen seltsamen Traum. Eigentlich bezeichne ich es als Traum, weil ich mich nicht anders hierüber auszudrücken vermag. Ich war noch nicht zu Bette gegangen und der Mond schien so hell in mein Kämmerlein. Ich betete mein Nachtgebet und es war 10 Uhr abends. Als ich bereits fertig war, wurde es auf einmal ganz dunkel um mich und ich fürchtete mich deshalb sehr. Auf einmal wurde es wieder so blitzeshell vor mir und es stand eine Gestalt vor mir. Dieselbe war angetan mit einem blauen Kleid und einem roten Überwurf, geradeso wie die Apostel angezogen waren oder wie ich schon oft auf Bildern die Abbildung Jesu, des Guten Hirten, sah. Er hatte auch einen Rosenkranz in der Hand, sprach auch zu mir vom Rosenkranzbeten und dass ich nicht 20 Jahre alt würde und dann müsst' ich vieles, vieles leiden. Auch sprach jene Gestalt, dass ich viele Jahre vieles leiden muss, und sprach auch eine Zahl hiervon aus, die ich aber nicht mehr wusste, auch schon gleich nicht mehr, als die Gestalt verschwunden war, denn ich war vor Zittern und Furcht so erregt, und auch gleich darauf wusste ich vieles nicht mehr, was jene Gestalt noch alles gesagt hatte. Es war darauf wieder ganz hell, denn der Mond warf seinen milden Schimmer die ganze Nacht in mein Kämmerlein. Ich konnte die ganze Nacht fast nicht schlafen, weil mir jenes Gesicht immer im Kopfe war.«[5]

Beruhigte sich die 16-jährige Anna Schäffer bald danach wieder? Fand sie nach dieser Erscheinung, die sicher »mehr als ein Traum« (Alfons M. Weigl) war, Ruhe und Vertrauen? Nein. Sie packte ihre Sachen und kehrte zurück nach Mindelstetten. Unverzüglich. Solch einen Schrecken hatten ihr die Gegenwart Jesu und seine Botschaft eingejagt. Menschlich verständlich und ein sicheres Zeichen dafür, dass dieser Traum »real« war und keine bloße Träumerei. Doch wie sollte es nun weitergehen mit ihrem Plan, Missionsschwester zu werden? – Das Geld für die Aussteuer fehlte weiterhin. – Zunächst mit einem beherzten geistlichen Schritt: Anna Schäffer wurde Mitglied der Marianischen Jungfrauenkongregation in Mindelstetten und weihte ihr Leben der Jungfrau Maria. Dazu gebrauchte sie eine erhalten gebliebene »Angelobungsformel«. Diese lautet: »Heilige Maria! Mutter Gottes! Ich, Anna Schäffer von Mindelstetten, erwähle Dich heute zu meiner Schutzfrau und Fürsprecherin und nehme mir kräftig vor, Dich nie zu verlassen; auch will ich niemals zugeben, dass von meinen Untergebenen wider Dich oder Deine Ehre etwas getan oder geredet werde. Ich bitte dich daher recht innigst, nimm mich zu Deinem ewigen Diener an und steh mir bei in allem meinem Tun und Lassen, absonders aber verlasse mich nicht in der wichtigen Stunde meines Hinscheidens! Amen! Mindelstetten 1898.«[6] Eine neue Stelle als Dienstmädchen fand sich auch bald, nämlich »beim Schlossverwalter Schuster in Sandersdorf nahe ihrer Heimat«.[7]

Doch lange blieb Anna Schäffer nicht auf dem Schloss. 1899 zog sie weiter nach Stammham, gut 140 Kilometer von Mindelstetten entfernt, in das Haus des Forstmeisters Anton von Kirschbaum. Hier sollte sich das Wort vom Leid, das Jesus ihr angekündigt hatte, erfüllen.

3. Beginn der Leidenszeit (4. Februar 1901 bis Mai 1902)

Es war Anfang Februar 1901, und für die Familie von Kirschbaum und die Mitarbeiter stand ein Waschtag auf dem Programm. Das verlangte eine intensive Vorbereitung. Zumal draußen viel Schnee und Eis war. »Im gemauerten Waschhaus unweit des Forsthauses wurde zunächst der Ofen eingeheizt und Wasser für den Waschkessel herbeigeschafft.«[1] Das übernahm Anna mit ihrer Arbeitskollegin Walburga Kreuzer – am 4. Februar 1901. Was dann geschah, lässt sich folgendermaßen rekonstruieren: »Um die Wäsche einweichen zu können, hatte Anna vom etwa 20 Meter entfernten Brunnen Wasser herbeigeschleppt, während Walburga auf einem Tisch neben der Türe die Wäsche ordnete. Da löste sich nach einiger Zeit das Ofenrohr aus der Kaminöffnung. Sogleich stieg Anna als die Jüngere auf die circa 92 cm hohe, aber schmale Kesselummauerung, um das Rohr zu befestigen. [...] Infolge der nassen Holzschuhe, die etwas aufgetaut waren, verlor Anna das Gleichgewicht und rutschte in die kochende Lauge des 45 cm tiefen Kessels. Ihre Mitwäscherin Walburga, die ihr den Rücken zugewendet hatte, hörte plötzlich einen markerschütternden Schrei, wandte sich um und sah Anna im brodelnden Waschzuber stehen. Entsetzt stürzte sie aus dem Waschhaus, laut um Hilfe rufend. Sie holte sodann den im Forsthaus wohnenden Kutscher Johann Dickel, der die arme Verunglückte aus dem Kessel heraushob.

Die Füße Annas waren bis an die Knie verbrüht, Körper und Arme durch den heißen Dampf mit zahlreichen Brandblasen bedeckt. In der Aufregung schütteten nun die durch die Hilferufe herbeigeeilten Bediensteten ihr noch ein Schaff kalten Wassers über die Füße. Dann wickelte man die sichtbaren Wunden Anna eilends in Leinwandstreifen, die mit Salatöl getränkt waren. Dann brachte man die Verletzte mit einem Pferdefuhrwerk ins sieben Kilometer entfernte Krankenhaus in Kösching. Als man sie dort hineintrug, fast um Mitternacht, ›schleiften verbrannte Fleischfetzen am Boden nach‹.«[2]

Anna Schäffer wurde in dem Krankenhaus für die damaligen Verhältnisse gut betreut, doch es half nichts. Das Fleisch an ihren Füßen faulte dahin. Was sollte man tun? Der Arzt entschied sich für eine Operation. Am 19. März 1901 schnitt er ihr »von den Knöcheln bis zu den Knien [...] das Fleisch weg. Da Anna nicht chloroformiert wurde, sondern nur eine Dosis Morphium erhalten hatte, war sie nur wenig betäubt und schrie in furchtbaren Schmerzen. Allmählich gesellte sich ein schweres Magenleiden dazu, ein Geschwür, das der Arzt nicht erkannte. Eines Tages erwartete man von Minute zu Minute den Tod Annas. Der Pfarrer und der Kooperator von Kösching standen an ihrem Marterbett. Da plötzlich entleerte sich das Magengeschwür durch den Mund und langsam erholte sich das Mädchen.«[3] Ihre Zeit war also noch nicht gekommen. Es warteten Aufgaben für Anna Schäffer. Leidensvoll, entbehrungsreich, so wie sie es sich am Tag der Erstkommunion gewünscht hatte. Und es warteten weitere Probleme auf sie. Schwierigkeiten, Schmerzen.

Denn: »Inzwischen waren die Tage abgelaufen, für die die Invalidenversicherung bezahlte. Nun sollte ihre arme Mutter die Kosten der Krankenhausbehandlung tragen. Da diese dazu nicht imstande war, wurde sie ins elterliche Haus nach Mindelstetten zurückgebracht. Hier behandelte sie der Pförringer Arzt Dr. Willibald Wäldin, ein Protestant, mit großer Hingabe und meist um Gottes Lohn. Er probierte es zunächst mit trockener Wundbehandlung, bis schließlich

Eiter am Bett herablief. Nach einem Monat hatten sich an beiden Füßen große Blutblasen gebildet. Nun versuchte er es mit Verbänden, die er jeden zweiten Tag mit den anklebenden Blutkrusten abreißen musste. Auch essigsaure Tonerde und Salben halfen nichts. So ging es ein Vierteljahr weiter, ohne wesentliche Änderung oder gar Heilung.«[4]

Die nächste Station des medizinischen Martyriums: »Bald nahm sich die Invalidenanstalt wieder des armen Mädchens an. Es begann ihr Martyrium im Universitätskrankenhaus in Erlangen, wo erst recht alles versucht wurde, sie zu heilen. Mehrmals wurden ihr die Füße, Vorderfuß und Zehen gebrochen; ein Gipsverband wurde angelegt. [...] Darunter faulten die Füße von Neuem. Der Assistenzarzt, der den Gipsverband nach einiger Zeit absägen sollte, ein Anfänger, sägte in den Fuß hinein, sodass eine neue Wunde entstand.«[5] Annas Kommentar zu all dem Ungemach: »Wenn ich gekonnt hätte, ich wäre von Erlangen auf allen vieren nach Hause gekrochen.«[6]

Trost kam aus Mindelstetten von Pfarrer Rieger, der »das talentierte Mädchen« in dieser Zeit des Leidens seelsorgerlich nicht allein ließ. In einem Brief vom 4. Dezember 1901 versicherte der Geistliche, dass er täglich beim Messopfer für sie bete und die »Rosenkranzkönigin« um Fürbitte für Anna anrufe. In der Hoffnung auf vollständige Herstellung und Heilung sowie mit Realismus und Einsicht in die geheimnisvollen Wege Gottes: »Der allmächtige Gott sorgt auch für Dich und gerade denen, welche Gott lieb hat, schickt er Prüfungen. [...] Wie viele Mädchen Deines Alters sind schon auf Erden unglücklich trotz ihrer Gesundheit; wie manche sogar schon in ihrer Verzweiflung ewig tot. Welch reiche Verdienste kannst Du Dir dagegen für die Ewigkeit sammeln und für diese Welt lass nur den lieben Gott und unsere heiligste Mutter Maria sorgen!«[7]

Verdienste für die Ewigkeit. Das war gut gemeint, doch für einen jungen Menschen, der eine solch schmerzvolle

Schocktherapie absolvieren musste, war das Leid, das Anna Schäffer zugemutet wurde, nicht leicht zu tragen. »Endlich«, so schreibt Emmeram H. Ritter, »brachte eine Salbe etwas Erleichterung und sie bekam einen Zinkleimverband. Nach anderthalb Jahren war sie so weit hergestellt, dass sie mühsam humpelnd wieder gehen konnte und nach Hause entlassen wurde. Sogleich wurde sie von ihrer Dienstherrschaft in Stammheim eingeladen zu kommen, aber nicht zur Arbeit, sondern zur Erholung durch Ruhe und bessere Verpflegung im Forsthaus. Doch lange hielt es Anna als müßige Kostgeherin nicht aus. Sie wollte arbeiten, sich dankbar erweisen. Bald hatte sie Gelegenheit dazu, weil die Köchin des Hauses ihren Dienst aufgesagt hatte. Sie trug immer noch den Zinkleimverband, der ihr in Erlangen angelegt wurde. Als sie eines Tages einen Eimer Wasser über die Stiege hinaufschleppte, wurde durch den Verband Eiter sichtbar. Damit endete ihr letzter Versuch, mit zusammengebissenen Zähnen den gewöhnlichen Weg eines materiell bettelarmen Mädchens zu gehen. Der Versuch war gescheitert.«[8]

4. In der Schule des Leidens (Mai 1902 bis Herbst 1910)

Wie niedergeschlagen und verzweifelt wird Anna Schäffer gewesen sein, als sie erkennen musste, dass ihr Plan gescheitert war: Aussteuer, Ordenseintritt, Mission? Und damit nicht genug: »Wieder daheim in Mindelstetten wurde sie endgültig ein Pflegefall. Sie musste nun dauernd liegen und wurde von ihrer Mutter aufopfernd gepflegt. Dr. Wäldin übernahm die medizinische Betreuung und fing seine Kuren wieder an. Abermals, wie vor Erlangen, musste er mit dem Messer hantieren: Ausschneiden des faulen Fleisches, Abschabung der Knochen, Hautübertragungen von ihrem eigenen Körper, aus den Armen ihres Bruders Michael und ihrer Schwester Kathi. Mit Salben, essigsaurer Tonerde, Höllenstein und Alaun behandelte er das bedauernswerte Mädchen mit viel Geduld. In zwei Jahren musste Anna dreißig Operationen bei schwacher Narkose über sich ergehen lassen. Schließlich verband der Arzt die Füße mit Xeroformgaze, die jeden fünften Tag erneuert werden musste, zweiundzwanzig Jahre lang, das letzte Mal an ihrem Sterbetag. Sie sagte oft: ›Wenn die Gaze auf das offene Fleisch kommt, brennt es drei Tage lang wie Pfeffer und darnach fängt schon wieder der Eiter zu brennen an.‹ Ein neuer Lebensabschnitt hatte nun für Anna begonnen. […] Nicht von heute auf morgen konnte sie sich in diese neue Lebensphase mit Leiden, Schmerz und Siechtum einfügen. Sie schrie zuweilen vor Schmerzen und Qualen und versuchte, wie jeder junge Mensch, Heilung und Erleichterung zu finden. Erst langsam wuchs die Überzeugung, dass das Unheil, das ihr in

Stammham durch den Sturz in den siedenden Kessel zugestoßen war, sich als ein unabwendbares Verhängnis zeigte, aber kein von einem toten, herzlosen Räderwerk bewirktes Zermalmen, sondern ein vom Gott der Güte und der Liebe vorgesehenes Geschehen, von Ihm geschickt oder zugelassen sei.«[1]

Dass Anna Schäffer Zeit brauchte, um den Sinn ihres Leidensweges zu verstehen, wird durch ein mystisches Ereignis im Jahr 1905 deutlich – vier Jahre nach dem Unfall, als Anna 23 Jahre alt war. Sie sah die Muttergottes weinen über die Sünden der Welt: »›[…] und ich frug sie, warum sie so weine.‹ Da antwortete ihr Maria: ›Ich weine deshalb, weil der lb. Jesus durch so viele Sünden von den Menschen beleidigt wird und die Welt so gottlos ist und leide alles mit dem lieben Jesus mit.‹ Anna dürfte damals die Hoffnung auf Heilung noch nicht aufgegeben haben, denn sie berichtet, dass sie die Schmerzensmutter gefragt habe: ›Ob ich gar nicht mehr gehen kann?‹ Maria gab ihr zur Antwort: ›Du musst noch viel mehr leiden als bisher!‹ Anna bemerkte in ihrem Visionsbericht dazu: ›Die darauffolgenden Jahre gestaltete sich mein Leiden so, dass ich noch viel mehr leiden durfte wie vorher.‹«[2]

Doch es gab für Anna Schäffer, die mit einer Monatsrente von 9 Mark nicht gerade fürstlich unterstützt wurde, noch andere Probleme zu bestehen – nicht nur physische. »Nachdem ihr ältester Bruder, der Schreinergehilfe Michael, sich am 12.12.1904 mit Kreszenz Prüflinger verheiratet hatte, übergab die Mutter das kleine Anwesen traditionsgemäß ihrem ältesten Sohn. Durch die beengten Wohnverhältnisse in dem kleinen Haus entwickelten sich zwischen Anna und ihrer Mutter einerseits und Michael und dessen Gattin andererseits Spannungen. Die schwerbehinderte und nun ständig ans Bett gefesselte Schwester wurde nun von den jungen Leuten als Belastung empfunden, und sie legten ihrem Unwillen keine Zügel an. Das Verhältnis wurde zunehmend so unleidlich, dass es auf Dauer nicht mehr zu ertragen war. So verließen Anna und ihre Mutter, vermutlich nach einer heftigen Auseinandersetzung, noch in einer Nacht das ungastlich gewordene Haus. Gottlob fanden sie im Haus Nr. 37 am Ort bei der frommen Bauernfamilie Forchhammer, ›beim Hartl‹, so der Hausname, eine geräumige helle Stube im ersten Stock. Wohlgemerkt, Mutter und Tochter besaßen nach wie vor das Wohnrecht im ›Baderhaus‹, aber sie verzichteten vorerst darauf um des Friedens willen. Die Übersiedlung fand wahrscheinlich im Jahre 1905 statt. So vertauschten die beiden das winzige Stüberl, das Anna und ihrer Mutter kaum Platz geboten hatte, mit einem gemieteten Zimmer, wenige Schritte vom Elternhaus entfernt.«[3]

In diesem Zimmer hatte Anna Schäffer alles, was sie fortan für ihr geistliches Leben benötigte: »[…] am Kopfende des Bettes ein kleines Regal mit Andachts- und Gebetbüchern, darunter auch die ›Nachfolge Christi‹; eine Muttergottesstatue, selbstverständlich ein Kruzifix; an der Wand hingen Bilder: Schweißtuch Christi, U. L. Frau von Altötting, Ecce Homo sowie von den ›Drei Heiligen von Griesstetten‹. An der Wand hing ein Rosenkranz. Außerdem befand sich im Zimmer ein kleiner Hausaltar, der einem Altar in der Kirche nachgebildet war.«[4]

Zu den familiären Spannungen und dem nötigen Umzug kam, wie bereits angedeutet, die angespannte finanzielle Situation: »Die wenigen Ersparnisse, die sich Anna durch ihre Tätigkeit in Stammham erspart hatte, gingen bald zur Neige. Obwohl die zwei Schwestern Kathi und Kreszenz sowie Bruder Hans ihre Mutter und die Behinderte nach Möglichkeit unterstützten, reichte das Geld nicht aus, um die vielen ärztlichen Eingriffe, wenngleich es Dr. Wäldin so billig als möglich machte, begleichen zu können. Bald sagte man im Dorf, mit Anna werde die Gemeinde noch Lasten bekommen, was die Leidende mit großer Sorge erfüllt hat. Aber Pfarrer Rieger, der sich um die Unfallrente erfolgreich bemüht hatte, sorgte zusammen mit seiner Haushälterin Elis Imlauer für das tägliche Essen.«[5]

Annas Schwester Kathi, die eigentlich eine Stelle außerhalb von Mindelstetten hatte, entschied sich eines Tages dazu, als Störnäherin (Hausnäherin, Anm. d. V.) in Mindelstetten zu arbeiten, um näher bei Mutter und Schwester zu sein und somit effektiver helfen zu können. So gut es ging, unterstützte Anna Schäffer sie bei den Näharbeiten. Es war ihr sehr wichtig, kein staatlicher Sozialfall zu sein. Sie wollte arbeiten, selbst für ihren Unterhalt sorgen. Eine Arbeitsethik, die angesichts ihres Zustands Respekt verdient und überhaupt nicht im Widerspruch stand zu ihrer religiösen Orientierung.

»In der neuen Wohnstatt beim Forchhammer stellten die drei Frauen – auch Kathi hatte hier vorübergehend ihre Bleibe – das Bett von Anna so, dass sie zur Kirche sehen konnte, worüber die Leidende sehr glücklich zu sein schien.«[6] Sichtkontakt mit dem Haus Gottes – wenn die Bewegungsfreiheit eingeschränkt und der Radius gezwungenermaßen eng geworden ist, werden Dinge, die sonst ganz selbstverständlich erscheinen, enorm wichtig und kostbar.

Doch was für eine Kirche sah Anna Schäffer eigentlich? Ausgerechnet im Jahr 1905 vollzog sich in Mindelstetten ein Bauvorhaben, das die Gemeinde schon länger in Atem gehalten hatte. Im April 1905 wurde das alte Gotteshaus abgerissen, bis zum Oktober des gleichen Jahres ein neues errichtet und im Juni 1906 kam es zur Einsegnung der neuen Pfarrkirche durch den Regensburger Weihbischof, der bei dieser Gelegenheit auch Anna Schäffer, dem »leidenden Dienstmädchen«, einen Besuch abstattete.[7] Anna Schäffer wird dies gefreut haben, doch die zentrale Kraftquelle war etwas anderes für sie: die hl. Kommunion, die Pfarrer Rieger ihr täglich brachte. Der Kommunionempfang war das größte Glück, das zentrale Ereignis des Tages. Wobei man wissen muss, dass die Praxis der täglichen Kommunion der Laien durch das Dekret »De quotidiana SS. Eucharistiae sumptione« des hl. Papstes Pius X. vom 20. Dezember 1905 gerade erst erlaubt und gefördert worden war.[8] Pfarrer Karl Rieger war weltkirchlich gut informiert und auf dem neuesten Stand.

Rosa Imlauer, eine Nichte des Pfarrers und eine gute Freundin Anna Schäffers, hat die besondere Beziehung der Heiligen zur hl. Kommunion so beschrieben: »Anna sagte selbst oft, wenn sie noch so qualvolle Nächte durchwacht hatte und auch in der Frühe noch so matt und krank war, dass man meinte, sie könne die hl. Kommunion nicht empfangen, so war es jedes Mal wie ein Wunder: Eine Stunde vor und eine Stunde nach der Kommunion war sie dann jedes Mal körperlich und geistig so gut beisammen, dass sie sich gut auf die hl. Kommunion vorbereiten und hernach wieder danksagen konnte. Erst dann gingen die Schmerzen wieder an.«[9]

5. Außerordentliche Dinge (ab Herbst 1910 bis 1923)

Nach dem Unfall mussten neun Jahre vergehen, bis sich im spirituellen Leben Anna Schäffers neue Türen öffneten. 1910 war es so weit und sogar dreifach: »Am Portiunkulafest, dem ersten Sonntag im August 1910, wurde sie in den Dritten Orden des hl. Franziskus aufgenommen.«[1] Emmeram H. Ritter vermutet, dass entweder Pfarrer Rieger oder die Franziskaner in Ingolstadt, die manchmal auch in Mindelstetten wirkten, dabei eine Rolle gespielt haben könnten.[2] »Sie erhielt als Ordensnamen den der hl. Maria Kreszentia Höß von Kaufbeuren, jener großen bayerisch-schwäbischen Mystikerin, die zehn Jahre vorher, am 7. Oktober 1900, seliggesprochen wurde und mit ihrem Taufnamen ›Anna‹ hieß. Sie durfte ebenfalls in ihrem Leben viele psychische und physische Leiden heroisch ertragen. Neun Jahre später ließ Anna am selben Festtag 1919 ihr Ordenskleid weihen und äußerte den Wunsch, man möge sie nach ihrem Tode damit bekleiden und begraben.«[3]

Die beiden anderen Ereignisse waren noch stärker mystischer Natur. Wie bereits erwähnt, hatte Anna Schäffer in ihren »Träumen« ganz konkrete Begegnungen mit der übernatürlichen Welt. So auch im Herbst 1910 mit dem hl. Franziskus und schließlich mit Christus höchstpersönlich. Dazu schreibt sie: »Am 17. September 1910 träumte mir, ich sah den hl. Vater Franziskus und er ließ mir seine Wundmale sehen und sagte zu mir: ›Kind, an diesen Malen darfst du noch vieles leiden.‹ Ich verstand aber nicht, was der hl. Franziskus meinte, und getraute mir auch gar nicht, daran zu denken, jenes hl. Leiden mitleiden zu dürfen; dafür hielt ich mich arme große Sünderin gänzlich für unwürdig.«[4]

Bald darauf, Anfang Oktober, hatte Anna Schäffer den nächsten »Traum«, die nächste mystische Begegnung: »Am 4. Oktober 1910, am Feste des hl. Franziskus, hielt ich nachts die Hl. Stunde, wie ich sie täglich halte. Diese und alle anderen Gebetsstunden halte ich stets im Geiste vor dem heiligsten Sakramente. Als ich nun einige Zeit betete, da umgab mich auf einmal ein wunderbares Licht, welches meinen ganzen Geist und Körper durchdrang, und ich sah den Heiland in diesem Lichtmeer. Er sagte zu mir: ›Dich habe ich angenommen zur Sühne meines heiligsten Sakramentes. Bei der hl. Kommunion morgens sollst du fortan jene Schmerzen meiner Passion verspüren, womit ich dich armseliges Nichts erlöst habe. Leide, opfere und sühne in stiller Verborgenheit.‹ Dann verschwand der Heiland. […] Als mir nun morgens der Hochw. Herr Pfarrer die hl. Kommunion brachte und er vor derselben die Gebete betete ›Domine non sum dignus …‹, da sah ich von der hl. Hostie fünf Feuerstrahlen ausgehen, die wie ein Blitz in meine Hände, Füße und ins Herz gingen, und ein unaussprechlicher Schmerz begann sogleich an den genannten Teilen. Als ich nun die hl. Kommunion empfangen hatte, spürte ich im Innern solche Feuersglut, dass ich glaubte, ich müsste verbrennen.«[5]

»Ohne Unterbrechung«, wie Anna Schäffer weiter mitteilt, durfte sie seit dieser Vision mit Christus leiden, und dabei hatte sie »stets die heftigsten Schmerzen an den Vorderfüßen, Händen, Herz und Kopf«.[6] Auch im Alltag bei diversen Tätigkeiten: »Oft wenn ich schreibe, sticke, oder was ich halt mit den Händen arbeiten kann, da ist mir schon oftmals die Stricknadel oder der Federhalter usw. aus der Hand gefallen ob der großen Schmerzen wegen. Ich opferte dann dem lb. Heiland mit einem stillen Seufzer alles Schwere und Leidvolle mit Dank und Liebe auf.«[7] Nur eines war ihr von nun an wichtig: »ein Opfer der Liebe« zu sein.[8]

Die fünf Feuerstrahlen zu erkennen und zu spüren, war eine eindrucksvolle Erfahrung, doch die Intensität der physischen Schmerzen wechselte bei Anna Schäffer, und als wären diese Schmerzen nicht genug, bat Anna um göttliche Diskretion und mehr Schmerzen: Sie wollte die Stigmata unsichtbar tragen. Das Maximum der Selbstverleugnung. »An manchen Tagen ist das Leiden an Händen, Füßen usw. sehr vermehrt, besonders an den Donnerstagen und Freitagen und an den Sonn- und Festtagen. Schon immer einige Tage zur Vorbereitung auf die hohen Festtage ist das Leiden sehr vermehrt. [...] Einige Male sah ich an meinen Händen und Füßen blaurote Flecken an den Stellen, wo sie mir immer so wehtun. Ich bat den lb. Heiland bei der Kommunion immer so viel, dass man die blauroten Flecken nicht mehr sehen möchte, dafür dürften die Schmerzen größer sein als sonst. Und von da an sah ich auch keine solchen Flecken mehr an den genannten Stellen. O mein Gott, wie glücklich bin ich, diese unaussprechlichen Schmerzen verborgen leiden zu können.«[9]

Warum hat Anna Schäffer das verborgene Leiden dennoch schriftlich beschrieben? Eine plausible Erklärung liefert Emmeram H. Ritter: »Es ist mit Sicherheit anzunehmen, dass die Selige, die ja stets ihre Stigmatisation zu verbergen wusste und diese auch kaum äußerlich sichtbar war, erst auf den ausdrücklichen Wunsch ihres Seelenführers, Pfarrer Karl Rieger, hin die Vision schriftlich niedergelegt hat. Anna machte selbst in ihrem Traumheft davon keine Erwähnung, vermutlich deshalb, weil sie im Gehorsam gegenüber dem Heiland nur in völliger Verborgenheit an den Wundmalen leiden wollte.«[10]

Wie kompliziert ihr theologisch-physischer Wunsch in der Realität zu verwirklichen war, zeigte sich an einem – zunächst vielleicht paradox anmutenden – medizinischen Problem, das sie in ihren Aufzeichnungen nicht verschwieg und mit dem sie schon bald konfrontiert wurde: »Im Juni 1913 sagte der Arzt, wie er ja schon öfter gesagt hatte: die beiden Füße abnehmen! Wegen der Füße abzunehmen war es mir innerlich nicht schwer, sondern nur eins war mir darüber schwer, dass ich nämlich an den Vorderfüßen dann den Schmerz nicht mehr verspüren dürfte, den mir der lb. Heiland von seinem hl. Leiden geschenkt hat. Ich bat den lb. Heiland Tag und Nacht, er möchte es so fügen, wie es für mich arme Sünderin am besten ist. Ein paar Tage darauf sah ich den lb. Heiland nach der hl. Kommunion und ich sagte es Ihm, was mich so sehr bedrückte. Der lb. Jesus sagte: ›Keine menschliche Weisheit (er meinte damit die Ärzte) wird es je begreifen, dass ich Dich als Sühneopfer auserkoren habe.‹«[11] Anna Schäffer hatte also keine Angst um ihre physisch-ästhetische Verfasstheit, sie war lediglich besorgt darüber, im Falle einer Amputation nicht genug für Christus leiden zu können. So weit ging ihre Hingabe.

Darüber hinaus war das Jahr 1913 für Anna Schäffer wichtig wegen neuer himmlischer Kontakte: »Vermutlich durch ihren Seelenführer begegnete sie einer großen, bis dahin noch kaum bekannten Heiligengestalt, nämlich Gemma Galgani, die auf ihr geistliches Leben einen richtungsweisenden Einfluss nehmen sollte. Ganz begeistert schrieb Anna am 16. Juni 1913 ihrer Freundin Anna Bortenhauser: ›Übersende Dir anbei 2 Bildchen, von Gemma Galgani, wie ich Dir schon erzählte von ihr, als Du bei mir warst. Eines gehört Dir, das andere für Frl. Mari. Weißt, liebe Anna, die Lebensbeschreibung von Gemma Galgani sollt Ihr euch schon bestellen [...] und ich weiß im Voraus, dass Euch dieses Buch recht viel Freude macht. Was diese hl. Jungfrau alles leiden musste; also wirklich erbauend. Gelt, lb. Anna, auch in unseren Tagen gibt es noch Heilige, dass sie halt oft ganz verborgen leben und die Welt dieselben nicht kennt. [...]‹ Am Ende des Briefes gab sie ihrer Freundin noch den konkreten Hinweis: ›Das Buch von Gemma könnt Ihr haben von der Verlagsbuchhandlung von Eduard Mager, Donauwörth.‹ Übrigens dürfte es sich dabei um das Werk von Germano di S. Stanislao handeln mit dem Titel ›Briefe und Ekstasen der Dienerin Gottes Gemma Galgani, Jungfrau von Lucca‹, das L. Schlegel ins Deutsche übersetzt hatte.«[12] Gemma Galgani (1878–1903) war eine italienische Mystikerin, die wie Anna Schäffer gern in einen Orden eingetreten wäre, doch aus gesundheitlichen Gründen keinen Zugang bekam. In ihrem kurzen Leben wurde die Heilige mit Visionen und den Stigmata beschenkt.

Ebenfalls an die Pfarrhaushälterin Anna Bortenhauser adressiert ist ein Brief Anna Schäffers vom 26. Juli 1913, dem Namenstag der beiden. Neben der »Glückseligkeit« des Kommunionempfangs, den sie ihr schildert, und ihrem Vorsatz, »alles mit Geduld u. Ergebung leiden« zu wollen, »um uns noch manches Verdienst zu sammeln für die Ewigkeit«, kommt sie darin auch auf eine erstaunliche Traumreise zu sprechen, welche an die mystischen Visionen der seligen Anna Katharina Emmerick (1774–1824) erinnert: »Was ist's mit Dir nach Jerusalem? Diese Woche war ich im Traum dort, es war mir, als sehe ich den Esel, welchen der lb. Jesus hatte, als er seinen Einzug hielt. Auch führte mich eine Klosterschwester in einen großen Saal, sie sagte: ›Da hat Jesus das hl. Sakrament des Altars eingesetzt.‹ Es war der Abendmahlssaal. Sie sagte auch: ›In diesem Saale wird alle Tage der hl. Rosenkranz gebetet zum Andenken.‹ Mein Gott, war es dort im Traum schon so schön; wie muss es dann erst in Wirklichkeit sein?«[13] Eine Fernreise der besonderen Art.

***

So schön und idyllisch wie im Jerusalem-Traum sollte es in Mindelstetten und Umgebung aber nicht mehr lange bleiben. Es »braute sich über Europa ein schreckliches Unheil zusammen. [...] Zu Beginn handelte es sich vorwiegend noch um die alten unglücklichen Auseinandersetzungen innerhalb der überlieferten europäischen Staatensysteme. Die

Katholiken waren keineswegs unvorbereitet, als am 1. August 1914 die Kriegserklärung des Deutschen Reiches an Russland erfolgte und der Befehl zur allgemeinen Mobilmachung erteilt wurde, nachdem Österreich-Ungarn bereits am 28. Juli Serbien den Krieg erklärt hatte. [...] Der Episkopat des Königreiches Bayern rief in einem Hirtenbrief vom 3. August 1914 zu einem Gebetssturm auf. [...] Die bayerischen Bischöfe ordneten zugleich regelmäßige Betstunden an, gaben dem Klerus Weisungen und verlangten, dass in allen Kirchen täglich nach der Hauptmesse folgendes Gebet verrichtet werden müsse: ›O Gott, in Deiner Macht liegt es, die Kriege zu zermalmen und die Angriffe zurückzuweisen, Du umgibst alle, die auf Dich hoffen, mit Deinem allmächtigen Schutze, hilf uns, Deinen Dienern, die wir vertrauensvoll zu Dir flehen [...] die dem Rufe des Vaterlandes folgend im Felde stehen. Bändige den Übermut des Feindes und lass uns alle wieder in Dank und Demut die Segnungen allseitigen und ungestörten Friedens genießen. Durch Jesum Christum, unseren Herrn. Amen.‹

Pfarrer Rieger hatte bereits von sich aus am Sonntag, dem 2. August 1914, eine Bittandacht vor dem Allerheiligsten um glückliche Wende zur Verhinderung eines Krieges gehalten. Am darauffolgenden Sonntag hielt er die vorgeschriebene Bittandacht für das bayerische Vaterland. Zugleich verkündete er, dass nunmehr wegen des Arbeitskräftemangels laut oberhirtlicher Genehmigung Erntearbeiten, wenn notwendig, auch an Sonn- und Feiertagen gestattet seien.

Am 20. August 1914 wurde die katholische Welt durch die Nachricht erschüttert, dass der fromme Papst Pius X. – [...] – das Zeitliche gesegnet hat. [...] Zwei Wochen später, am 4. September, wurde die Wahl seines Nachfolgers, Papst Benedikts XV., der als Friedenspapst in die Geschichte eingegangen ist, bekannt.«[14] Pius X. (1835–1914) und Benedikt XV. (1854–1922) waren die Päpste, welche die irdische Leidenszeit Anna Schäffers wesentlich prägten.

Emmeram H. Ritter berichtet weiter: »Der Erste Weltkrieg forderte bereits in den ersten Monaten, auch in Mindelstetten, blutigen Tribut. Die ersten Gefallenenmeldungen trafen ein und brachten großes Leid in die Familien. Anna verfolgte das Geschehen mit tiefer Anteilnahme. Ihre leiblichen und seelischen Schmerzen, durch die sie stellvertretende Sühne leistete, waren schon bisher an solchen Tagen besonders schlimm, an denen die gottvergessende Menschheit in Ausgelassenheit sündigte. Nun aber, da Tag für Tag an allen Fronten himmelschreiende Sünden begangen wurden, litt sie mehr denn je. [...] Anna, ihre Mutter und die ganze Familie Schäffer wurden auch persönlich schwer getroffen. Am 11. Dezember 1914 erhielten sie von Paul Schlittenbauer, einem Kameraden ihres Bruders Leopold, eine Karte. Er teilte mit, dass Leopold, der bisher als vermisst gemeldet war, mit Sicherheit am 24. September gefallen sei. Dort, wo sich ihr Bruder befunden habe, sei eine Granate eingeschlagen und die ganze Truppe sei getötet worden. Die Erkennungsmarken hätten deshalb nicht mehr abgenommen werden können, weil es so viele Tote gewesen seien und es bereits 10 Uhr nachts war, als sie begraben wurden.«[15]

Dies war noch nicht alles: »Auch der zweite Bruder Hans wurde schwer verwundet und sein Befinden ließ noch viel zu wünschen übrig. Fünf Schrapnellkugeln und drei Granatsplitter waren bereits entfernt, aber noch immer steckten zwei Kugeln 13 cm tief in seinem Leib. Aber mit bewunderungswürdiger Gelassenheit schrieb Anna darüber ihrer Freundin: »Nun überlassen wir auch jenes Kreuz so ganz und gar, so wie es Jesus mit uns haben will. Über kurz oder lang gibt es ja für alle ein Wiedersehen; und das soll, wie wir hoffen werden, im Himmel sein.«[16]

Die Mystikerin aus Mindelstetten verknüpfte das durch den Krieg verursachte Leid der anderen aber durchaus auch mit ihrem eigenen Leiden, wie ein Brief an ihre Freundin Anna Bortenhauser belegt: »Bei mir, lb. Anna, ist es immer das Gleiche, im Ganzen 32 Wunden, welche recht stark eitern u. seit Krieg ist, noch mehr. Opfern wir auch unsere Leiden auf für die Schlachtfeldsünden u. um glückselige Sterbestunde für die Soldaten; wollen wir eben dem lb. Heiland recht viel Sühne leisten in dieser gefahrvollen Zeit.«[17]

***

Die Vertreter der Kirche blieben angesichts des Krieges nicht stumm. »Am 10. Januar 1915 erließ Papst Benedikt XV. ein Dekret, demzufolge für den Sonntag Sexagesima (7. Februar) ›das von Wunden zerfleischte Europa, dann auf den Passionssonntag die gesamte übrige katholische Welt vor das ausgesetzte hochwürdigste Gut‹ zum Friedensgebet zusammengerufen wurde, ›um Abwendung der über uns gekommenen schrecklichen Geißel‹. Alle Gläubigen, welche die hl. Kommunion empfangen hatten, konnten unter den üblichen Bedingungen einen vollkommenen Ablass gewinnen.«[18] Auch auf lokaler Ebene fehlte es nicht an Vernunft und Klarheit: »Im Fasten-Hirtenbrief vom 31. Januar 1915 behandelte der Regensburger Bischof Antonius von Henle (1906–1927) das Thema ›Gottesfurcht‹. Er forderte darin die Gläubigen eindringlich auf, um baldigen Frieden zu beten, denn dies sei geradezu ›eine Pflicht der Gottesfurcht‹ […].«[19] Auch Pfarrer Rieger forderte seine Gemeinde in Mindelstetten dazu auf, für den Frieden zu beten. Das Thema Buße und Sühne spielte damals nicht nur im Zimmer von Anna Schäffer eine Rolle – das ganze kirchliche Leben war davon bestimmt.[20] Mögen die einzelnen Gläubigen die damit verbundenen Übungen auch auf unterschiedliche Weise umgesetzt haben.

»Anna Schäffer nahm am Weltgeschehen in ihrer Weise ganz besonderen Anteil. Die Ermahnungen des Heiligen Vaters, des Bischofs und ihres Seelsorgers fanden bei ihr nicht nur ein offenes Ohr, sondern vor allem ein weit geöffnetes Herz. Gebet, Opfer, Buße, damals besonders aktuelle

Anliegen, waren ihr längst vertraut. Am Weißen Sonntag (11. April) legte sie ein sogenanntes ›Blutgelöbnis‹ ab. Auf einen kleinen Zettel schrieb sie mit ihrem eigenen Blut folgende Zeilen: ›Es lebe Jesus! Ich will nur für Jesus leben, leiden und sterben. Nur wie es der liebe Jesus haben will, so soll alles geschehen!‹ Und auf der Rückseite vermerkte sie: ›Jesus, Maria und Joseph, Euch schenke ich mein Herz und meine Seele!‹ Sie machte das große Anliegen des Heiligen Vaters, die Beendigung des Weltkrieges und den Frieden, zu ihrem eigenen und versuchte auch ihre Freundinnen zu bewegen, gleich ihr zu beten und zu opfern.«[21]

Emmeram Ritter entnimmt dem »Verkündbuch« von Pfarrer Rieger für das Jahr 1915 einen interessanten Eintrag: »Am 30. Juni ließ Walburga Schäffer, die Schwägerin Annas, für den noch immer als vermisst erklärten und noch immer nicht aufgefundenen Ehemann Leopold Schäffer eine hl. Messe lesen.«[22]

Doch nicht nur der Krieg wütete. Auch in Anna Schäffer spielten sich offenbar innere Kämpfe ab. Sie haderte nicht mit Gott und mit ihrem Schicksal, aber wie das am 12. Juli 1915 verfasste »Krankheits- und Operationsgedicht« zeigt, versuchte sie, durch Kreativität Sinn und Ordnung in ihr Leben zu bringen:

1.
»Fast noch ein Kind so jung an Jahren –
Stets sorglos und voll Heiterkeit –
Kannt' ich noch nicht des Lebens Sorgen –
Mein Herz war voll Zufriedenheit!«

2.
»Doch bald soll's anders kommen –
Die Hand des Herrn hat mich erfasst –
Mich hat der Krankheit Weh und Schmerzen –
Ans bittre Krankenbett gebracht!«

3.
»Mich auf den Operationstisch hinzulegen –
Dazu gehört wohl Mut –
An diesem durft' ich dreißigmal –
Dort opfern Schmerz und Blut!«

4.
»Nochmals dacht ich an meine Lieben –
Und sagte allen: ›Lebewohl‹ –
Dann noch ein Blick zum Kreuzesdulder –
Aus dessen Wunden Heil mir quoll!«

5.
»Ihm wollt ich stets mein Leben schenken –
Auch für Ihn leiden in dieser Stund' –
Das waren meine letzten Worte –
Das wünschte ich mit Herz und Mund!«

6.
»Als man das Chloroform mir reichte –
So widerlich erstickend süß –
Da hat sich jeder Nerv gestärket –
Bis das Bewusstsein mich verließ!«

7.
»Bleischwer lag ich in meinen Gliedern –
Im Kopfe grollt's wie Donner mir –
Und konnte mich nicht mehr befassen –
Was weiter dann geschah mit mir!«

8.
»Und sollt ich das Erwachen schildern –
So finde ich die Worte nicht –
Denn niemand kann es je begreifen –
Wenn man nicht selber hat gefühlt!«

9.
»Lang lag ich da noch fantasierend –
Gab alles kund, was mir am Herzen lag –
Bis dass der Wundschmerz ach so brennend –
Mir das Bewusstsein wiedergab!«

10.
»Ein hartes bitt'res Krankenlager –
Hat mich gefesselt lang und schwer –
So schmerzvoll ob der vielen Wunden –
Und doch so Trostes voll und hehr!«

11.
»Ach eines ist mir stets geblieben –
Ein innig stilles Gottvertrau'n –
Das lässt mich in den schweren Stunden –
Stets fest auf seine Hilfe bau'n!«

12.
»Im heiligen Thron der Liebe wohnt –
Der stets mir seine Gnad' erweist –
Und täglich meine kranke Seele –
Im Sakrament der Liebe speist!«

13.
»Drum bin ich hier auch nicht verlassen –
In meiner Leidens-Einsamkeit –
Und freue mich auf jene Stunde –
Die schau'n mich lässt: ›Die Ewigkeit‹!«

14.
»Herr, neig' Dich bald hernieder –
Und nehm mich bei der Hand –
Und führ' Dein krankes Schäflein –
In Deines Friedens Land!«

15.
»Dann bin ich nicht mehr einsam –
In stiller Seligkeit –
Und ruh an Deinem Herzen –
Dir ewiglich geweiht!«[23]

Kurz vor Weihnachten, am 21. Dezember 1915, schrieb Anna Schäffer der Pfarrhaushälterin Anna Bortenhauser einen Brief, der sehr um den Wert des Opfers kreist und in dem sie der Empfängerin ihr unterstützendes Gebet in einem »schweren Anliegen« versichert. Über sich selbst schreibt sie schon mit Blick auf das kommende Jahr: »Im neuen Jahr tritt für mich der 16. Jahrgang meines Leidens heran u. ich opfere dem lb. Jesus wieder alle vergangenen, gegenwärtigen u. zukünftigen Leiden u. Schmerzen auf zur Sühne. Wenn mir oft meine vielen Wunden so arg schmerzen u. mir für viele Nächte den Schlaf berauben, o wie erfrischend ist dann der Gedanke ›Herr, weil Du es so willst!‹. Herz Jesu, ich danke Dir für die Schmerzen, mach aus mir eine Braut Deines Herzens! In solch schweren Stunden u. schlaflosen Nächten ist das schönste Plätzchen vor dem Tabernakel vor Jesus im hl. Sakramente, wir erhalten wieder neue Kraft u. Gnaden, um wieder weiter zu leiden!«[24]

***

So richtig und wichtig die Friedensappelle des Papstes und anderer Kirchenvertreter auch waren – der Krieg setzte sich fort. Der Teufel schien ganz Europa in seiner Hand zu haben. Auch im Zimmer Anna Schäffers wütete das Böse, wie man einem vom Schweiß durchtränkten Schriftstück entnehmen kann, das Anna am 2. Januar 1916 verfasste und vermutlich auch auf ihrem Körper getragen hat. Sie verspricht darin, dem Teufel zu widersagen: »Mein lieber Gott, ich kenne meine große Unwissenheit, meine Unwürdigkeit, meine übergroße Schwachheit, ich bin mir meiner vielen großen Sünden bewusst, wodurch ich es verdient habe, von Dir verlassen zu werden, sowie der großen Gefahren, denen ich wegen meines überaus elenden Zustandes ausgesetzt bin; daher komme ich, werfe mich Dir zu Füßen u. beteure vor dem Himmel u. vor der Erde, dass ich keinem Werke des höllischen Geistes je zustimmen will, ich erkläre vielmehr, dass ich mit der ganzen Kraft meines Willens diesem bösen Feinde widersage u. nicht das Geringste mit ihm zu tun haben will. Fern sei er darum von mir, von meinem Verstand, von meinem Herzen, von meinem Leibe. Wenn Du, mein Gott, in Deinem unerforschlichen Ratschlusse zulassen willst, dass der höllische Feind an mich herantritt u. mich belästigt, so erkläre u. beteure ich, keiner einzigen Handlung zustimmen zu wollen, viel weniger noch seinen schlimmen Absichten u. niederen Plänen.«[25]

Das Jahr 1916 sollte aus mindestens zwei Gründen ein wichtiges Jahr für Anna Schäffer werden, markiert es doch den Beginn ihres sogenannten »Briefapostolats«, also der Verbreitung von geistlichen Impulsen via Postkarten und Briefen, und einer Reihe von – wenn man so will – persönlichen Begegnungen mit Personen aus den mystischen Gefilden des Himmels.

»Die wichtigsten Dokumente des Schriftennachlasses Anna Schäffers sind sicher ihre Briefe. Sie geben Aufschluss über ihr Seelenleben, ihr Denken und Fühlen, nicht zuletzt über ihre Leidensgeschichte.«[26] 124 Briefe Anna Schäffers liegen heute insgesamt vor. Emmeram H. Ritter stellt in der Einleitung zu den *Schriften Anna Schäffers* zu Recht fest: »Es ist überaus staunenswert, dass ein einfacher Mensch mit Volksschulbildung und zudem vom Krankenlager aus befähigt war, eine solche Leistung zu vollbringen. Wenngleich ihr Stil, der damaligen Frömmigkeit entsprechend, heute zuweilen als ›süßlich‹ erscheint, sind dennoch ihre grundlegenden Gedankengänge theologisch durchaus richtig und besitzen überzeitliche Gültigkeit.«[27] Diese »Briefe, denen sie oft immer geschickter geformte Gedichte voransetzte und sie zuweilen auch mit schönen Zeichnungen, die sie in ihren Visionen sah, geschmückt hat, geben einen Einblick in die Grundthemen ihres geistlichen Lebens: Christus im Sakrament des Altares, das Leiden Jesu und sein Kreuz, die Schmerzensmutter, Betrachtungen über den Sinn ihres eigenen Leidens, die Sterbenssehnsucht«.[28]

Doch was war die Grundlage für dieses Apostolat? Wer waren die Empfänger? Wer suchte ihren Rat und warum? War nicht Anna Schäffer es, die nach Trost und Hilfe hätte schauen sollen, schauen dürfen? Womöglich, doch das Blatt der Not hatte sich gewendet. Gerade vor dem Hintergrund der Kriegswirren, die viele Menschen nach Sinn und Ordnung, nach einem festen Halt suchen ließen. »Immer mehr Leidgeprüfte und Verunsicherte suchten Rat und Hilfe. Der Ruf der ›Schreiner Nandl von Mindelstetten‹, wie Anna von ihren Bekannten liebevoll genannt wurde, verbreitete sich nach und nach. Ihre vielen Freundinnen, die in Orden eingetreten waren oder auswärts in Dienst standen, erzählten über die fromme Dulderin ihres Heimatortes und hielten zumeist Kontakt mit ihr. Auch die Seelsorgsaushilfen, vor allem aus dem Kapuzinerorden, die an hohen Festtagen nach Mindelstetten kamen, lernten Anna kennen und gewannen Vertrauen zu ihrem Gebet und Opfer. Auch sie berichteten andernorts über sie und gaben oftmals sogar den Leidgeprüften den Rat, sich an Anna zu wenden. So wurde sie Ansprechpartner für viele Menschen, die bei ihr Rat, Hilfe und vor allem Gebet und Fürbitte bei Gott suchten.«[29]

Sie selbst vertraute sich weiter mit mathematischer Genauigkeit der Pfarrhaushälterin Anna Bortenhauser an, mit der sie das Interesse an Gemma Galgani teilte. »Mein Befinden ist noch immer auf dem Wege des Kreuzes, habe seit jüngster Zeit 2 Wunden mehr, nun jetzt 34 im Ganzen, ebenso viele Jahre ich jetzt alt bin u. fast die Hälfte von meiner

Lebenszeit auf dem Krankenbette! Alles für Jesus, er will es so haben.«[30] Einfühlsam schreibt sie der Freundin: »Am 28. Januar hatte ich von Dir einen Traum, Du seiest so traurig von der Kirche heimgegangen, ganz matt u. erschöpft warst Du; ich hatte so viel Mitleid mit Dir u. habe auch gleich für Dich gebetet im Traume.«[31]

Im Sommer 1916, Ende Juli, konnte Anna Schäffer ihrer Freundin von einer erneuten Traumbegegnung mit Gemma Galgani berichten, deren Biografie und Briefe sie bekanntlich inzwischen verschlungen hatte. »Heute Nacht konnte ich wieder die Hl. Stunde mitmachen, aber etwas später als sonst; denn ein langer Traum war die Verspätung nach manchen schlaflosen Nächten. Ich kann es aber nicht anders nennen als eine Nachlässigkeit von mir; denn um ¾ 11 Uhr war ich ja noch immer daran, mein Nachtgebet zu verrichten, u. es sind mir dann doch vor Müdigkeit die Augen zugefallen u. ich durfte lange im Traume mit Gemma reden u. es war wunderschön. Auf einmal sagte eine Stimme, aber auch im Traume: ›Folge mir nach in Kreuz u. Leiden‹; ›Folge mir nach in Verachtung, in Verlassenheit u. leicht‹ 6-mal, sofort, u. es fiel mir nun im Traume ein, ich habe ja meine Wachestunde noch gar nicht gehalten u. bin hierüber so erschrocken, dass ich gleich aufwachte, u. denke Dir nur, es war ¾ 2 Uhr. Ich hätte gleich weinen können.«[32]

Es blieb nicht bei dieser Traumbegegnung mit Gemma Galgani, bei deren Schilderung der enorm selbstkritische Ton auffällt. Anna Schäffer machte sich Vorwürfe, nicht genug Disziplin zu besitzen, beim Nachtgebet eingeschlafen zu sein. Bereits Mitte August 1916 lernte Anna Schäffer im Traum die Karmeliterin Therese von Lisieux (1873–1897) kennen: die kleine Therese vom Kinde Jesus, die bereits 1925 heiliggesprochen wurde und im Jahr 1997 von Papst Johannes Paul II. neben Theresa von Avila und Katharina von Siena zur Kirchenlehrerin ernannt worden ist. Anna Schäffer berichtete der Oberin Mansueta im Krankenhaus in

Kösching leicht enthusiastisch: »Haben Sie, Ehrw. Fr. Ob., noch nichts von dieser lb. Heiligen gehört? Denken Sie sich nur, wie ich's erfuhr. Ich hatte ja überhaupt noch niemals etwas gehört von Schwester Theresia vom Kinde Jesus, nicht einmal ihren Namen. Und da hatte ich im August vor dem Feste Mariä Himmelfahrt einen Traum u. da sah ich vor meinem Bette eine Klosterschwester stehen, die mich im Leiden tröstete u. vieles zu mir sagte, dann nahm sie mich bei der Hand u. sagte, liebes Kind, übe Dich nur ganz besonders in der Tugend des Starkmutes, den diese Tugend ist im Leiden sehr vonnöten. – Ich habe nicht mehr länger Zeit, sprach sie dann – ich muss auch noch in den Pfarrhof hinüber, u. mit lächelndem Angesichte verließ sie mich. Ich sah ihr dann auch im Traume von meinem Fenster aus nach u. sah sie in den Pfarrhof hineingehen. Sie hatte ein braunes Ordenskleid an u. einen weißen Mantel u. ihr Angesicht glänzte u. strahlte so, dass alles im Zimmer hell war. Ich erwachte dann u. dachte mir, keine solche Klosterfrau hab ich auch noch nicht gesehen, mit einer solchen Kleidung. Es nahte dann die Zeit heran zur Vorbereitung auf die hl. Kommunion u. ich dachte nicht mehr weiters an den Traum. Und nach der hl. Messe brachte mir ein kl. Mädchen 2 Bildchen von der Frl. Elis u. legte mir selbe auf das Bett hin u. ich war nicht wenig erschrocken, als ich auf den Bildchen genau so die Klosterfrau erblickte, von der es mir träumte, u. ich wusste dann auch, dass es eine Karmeliterin war, weil es auf den Bildchen stand. Ich habe ja noch nie in meinem Leben eine Karmeliterin gesehen. Ich gewann dann Schwester Theresia so lieb, dass ich sie seit dieser Zeit täglich verehre.«[33]

Doch trotz dieser beglückenden mystischen Erlebnisse ging das Leben in Mindelstetten ganz alltäglich weiter mit verschiedenen geistlichen Intentionen. Einen Geistlichen, der im Dorf weilte, bat Anna Schäffer um eine Messe für ihren weiterhin vermissten Bruder. Auch für andere Familienmitglieder, Freunde und Bekannte ließ sie Messen lesen und überwies 20 Mark »zur Taufe für 2 Heidenkinder auf die Namen: ›Magdalena‹ u. ›Barbara‹ von einer Frau um Hilfe in schwerem Seelenleiden«.[34]

Tapfer trug sie weiter am Tag und in der Nacht die körperlichen und geistigen Leiden und gestand, während mancher Träume »Schläge« zu erhalten, die man wohl als dämonische Attacken einordnen muss, wie sie so ihren Heiligen widerfahren sind – dem heiligen Pfarrer von Ars etwa oder Pater Pio.[35] Doch auch für praktische Arbeitsaufträge stand Anna Schäffer zur Verfügung. Verantwortungsvoll erkundigte sie sich bei Oberin Mansueta über die genauen Maße eines Altartuches, das sie anfertigen sollte: »Die Altartuchspitze, Ehrw. Fr. Oberin, hab' ich bis jetzt noch nicht gehäkelt, aber ich möchte sie jetzt anfangen, u. da möchte ich Ehrw. Fr. Ob. nochmals fragen, ob die angegebene Länge 3 m 85 recht ist, denn sie kommt mir auf einen Kapellenaltar etwas lang vor. Die Frl. Elis brachte mir heute vom Hochaltar von unserer Kirche ein Altartuch, das haben wir gemessen u. beträgt die Länge hiervon 2 m 90, die Frl. Elis sagte, schreib lieber nochmals zuvor, ob die angegebene Länge recht ist. Und dann möchte ich Ehrw. Fr. Ob. noch fragen, welche Spitze Ihnen am liebsten wäre; eine Spitze mit Schrift oder mit Sternen oder sonst ein schönes kirchliches Muster. Im Häkeln ist es mir ja gleich, mach ich dieses oder jenes Muster, denn es gehört ja für den lb. Heiland, u. jede Masche die ich hierzu mache, ebenso oft soll der hl. Name Jesu angebetet u. verherrlicht werden. Mich freut es recht, Ehr. Fr. Oberin, dass ich wieder für Euer Kapellchen etwas machen darf u. da möchte ich halt eine recht schöne Spitze machen, die Ihnen Freude machen würde. Das oben genannte Altartuch von unserer Kirche ist die Spitze auch sehr schön u. hat dieselbe die Frl. Elis gemacht mit der Inschrift: ›Wer mein Fleisch isst und mein Blut trinkt, der bleibt in mir und ich in ihm!‹ Geben Sie mir bitte, Ehrw. Fr. Ob., balde Nachricht u. welches Muster Ihnen am liebsten wäre u. ob die Länge 3 m 85 ganz recht ist; dann werde ich gleich anfangen.«[36]

***

Am 18. Oktober 1916 berichtet Anna Schäffer von zwei Ereignissen, die ihr, äußerlich gesehen, monotones Leben wenigstens für kurze Zeit unterbrachen. »Im Oktober, Ehrw. Fr. Oberin, durfte ich 2 große Freuden erleben; am 4. Okt., am Feste des hl. Vaters Franziskus, durfte ich unsere Kapelle sehen, die heuer im Sommer renoviert wurde u. jetzt wunderschön ist. Die Frl. Elis, eine Krankenschwester, die gerade bei mir auf Besuch da war, u. noch einige haben mich hinausgetragen, auf einem Lehnsessel u. beim Sitz ein Brett durch, dass ich gerade so sitzen konnte wie im Bett; denn ich kann ja keinen Fuß abbiegen u. sind ganz steif. In der Kapelle haben's einen ganzen Rosenkranz gebetet, solange konnte ich es aushalten! Und am Freitag, den 13. Oktober, haben's mich in die Kirch' hineingetragen morgens zur hl. Messe u. auch die hl. Kommunion hab ich in der Kirch' empfangen dürfen.«[37] Wer schon einmal längere Zeit in einem Raum ohne Ausgehmöglichkeit zugebracht hat, wie so viele Kranke und Sterbende, wird verstehen, was für eine große Sache diese Ausflüge für Anna Schäffer waren. Dementsprechend begeistert setzt sie ihren Bericht fort: »Ach, Ehrw. Fr. Oberin, wie heilig war mir jene Stunde, da ich nach so vielen Jahren wieder dem hl. Messopfer beiwohnen konnte. Ich hätte vor dem Tabernakel dort gleich sterben wollen vor lauter Freude u. mit dem hl. Greis Simeon hätte ich ausrufen können: ›Nun lass mich sterben, o lbst. Jesus, denn meine sterblichen Augen haben das Heil nochmals gesehen u. ich war so glücklich, Deinem hl. unblutigen Opfer nochmals beiwohnen zu können!‹ Diesen Wunsch hatte ich schon viele Jahre immer, nur noch einmal, wenn ich einem hl. Messopfer beiwohnen könnte, u. jetzt ist er mir erfüllt.«[38]

In einem Namensbriefschreiben vom 19. November 1916 an Frl. Elis Imlauer fügte Anna Schäffer erstaunlicherweise ein Gebet ein, das, wie Emmeram H. Ritter richtig bemerkt hat, Ähnlichkeit mit dem Gebet hat, das die Jungfrau Maria ein halbes Jahr später die Seherkinder von Fatima lehrte.[39] »Heiligstes Herz Jesu, ich danke Dir! Mach mit mir, was Du willst – Dein sei mein Leben allezeit. Ich will nur leiden, wie es Dir am wohlgefälligsten u. für mich am verdienstlichsten ist. Schenk mir nur die Gnade Deiner hl. Liebe! Es ist ja nur eines notwendig hier auf Erden – nämlich unsere unsterblichen Seelen zu retten – Jesum recht innig zu lieben – alle unsere kleinen u. großen Opfer – aufzuopfern aus Liebe zu Jesus – u. viel beten zur Bekehrung der Sünder! Rufen wir recht oft im Tage: ›Heiligstes Herz Jesu – schenk mir recht viele Seelen, besonders jene, die dem Abgrunde nahe sind!‹«[40]

Bald darauf, Ende November, fühlte sich Anna Schäffer »recht krank« und »schwach«; sie sah »kein Licht« – weder am Tag noch in der Nacht – alles um sie herum wirkte »dunkel«.[41] Dennoch verlor sie nicht ihren Glauben. Sie hoffte aber, dass ihre irdische Existenz sich dem Ende nähern würde. »Ich hatte im Herzen große Freude u. fühlte solch süßen Trost – denn ich glaubte, gewiss heimgehen zu dürfen zum lb. Jesulein, um das hl. Weihnachtsfest im Himmel zu feiern!«[42]

Doch daraus wurde nichts. Sowohl Weihnachten wie auch den Jahreswechsel überlebte Anna Schäffer. Sie sollte das Jahr 1917, das für die Kirche und die Welt sehr einschneidend sein würde, bei vollem Bewusstsein erleben und durchleiden.

***

Tatsächlich war 1917 ein besonderes Jahr: geistlich wie politisch. In dem portugiesischen Dorf Fatima erschien die Jungfrau Maria drei Hirtenkindern und vermittelte diesen drei geheimnisvolle Visionen und Worte in Bezug auf die Zukunft der Welt. In Rom erlebte der polnische Franziskanerpater Maximilian Kolbe einen für die Kirche provozierenden Umzug der Freimaurer, die ihr 200-jähriges Jubiläum feierten. Amerika trat in den Krieg ein und kämpfte gegen das Deutsche Reich. In Russland brach durch Lenin die kommunistische Revolution aus.[43]

Und in Mindelstetten? Dort »ging 1917 alles noch seinen gewohnten Gang, wenngleich auch hier die Schatten des Krieges schmerzlich sichtbar wurden. Am 7. Januar hielt Pfarrer Karl Rieger anlässlich des Geburtstags des Königs Hochamt, Predigt und Te Deum. Am 29. Januar richtete der Regensburger Bischof Antonius von Henle an Klerus und Volk ein Hirtenschreiben, in dem er auf das Triduum für die drei Faschingstage hinwies. [...] Das von allen bayerischen Bischöfen angeordnete Kriegs-Triduum an den Faschingstagen 1917 – 18., 19. und 20. Februar – wurde auch in Mindelstetten streng gehalten. Nach dem Gottesdienst wurde jeweils das Allerheiligste ausgesetzt und abwechselnd von Frauen, Jungfrauen, Männern, Burschen und Schulkindern Anbetungsstunden abgehalten. Täglich bot Rieger Beichtgelegenheit und spendete dreimal die heilige Kommunion. Circa 600 Kommunionen konnte er an diesen Tagen verzeichnen.«[44]

Anna Schäffer nahm sehr bewusst an diesem Triduum teil. »Wie vielen Seelen ist es in diesen hl. Tagen vergönnt, den lb. Jesus persönlich zu besuchen u. ihn im hl. Sakramente anzubeten, u. wie viele Seelen kennen dieses unaussprechliche Glück nicht; ach, fast die Mehrzahl ist so glaubensarm! Könnten es nur jene Seelen fassen, welches Glück es ist – wenn man so nahe sein darf bei dem Herrn des Himmels u. der Erde!«[45] Dies schrieb sie in einem Brief an Oberin Manueta in Kösching, die sich für die Altarspitze bedankt hatte, auch in Form von Geld, was Anna Schäffer (»Ich wollte aber durchaus nichts dafür. Und für die Arbeit schon gleich gar nicht, das ist schon längstens bezahlt«) eher unangenehm war. Weiterhin stand sie, wie man dem Brief entnehmen kann, weiterhin mit Gemma Galgani und der kleinen Therese in gutem Kontakt – die eigentliche Kraftquelle war und blieb jedoch Christus: »Wie zieht es mich im Geiste stets hin zu Jesus im heiligen Sakramente – ihn anzubeten, zu danken, zu loben u. zu preisen!«[46]

Die persönliche Beziehung mit Jesus war für Anna Schäffer das Entscheidende und half auch dann, wenn das Glaubensleben ohne positive Emotionen beschritten werden musste, wie sie ihrer Freundin Anna Bortenhauser anvertraute: »Auf dem Wege auf Golgatha, da begegnen wir auch der Prüfung der Trockenheit, der Geistesdürre u. der Verlassenheit! – Und diese Prüfung müssen ja fast alle Seelen, welche auf dem Wege der Vollkommenheit wandeln, verkosten! – Und wie viele Heilige gab es, die oft 10 u. noch mehr Jahre hindurch das Opfer der Geistesdürre bringen mussten. Aber wir sollten niemals nachgeben – ein einziges Vaterunser in der Trockenheit, wo wir unseren Geist sozusagen mit Gewalt anstrengen müssen – wiegt weit mehr als hundert Vaterunser zur Zeit der geistlichen Tröstungen! – Der Wille Gottes ist es so! Der lb. Jesus will uns nur prüfen, inwieweit wir standhaft sind. – Betrachten wir den gekreuzigten Heiland u. seine Verlassenheit am Kreuze – u. danken wir ihm vieltausendmal, wenn er uns so manchen Tropfen von seiner Verlassenheit verkosten lässt!«[47]

Prüfung der Standhaftigkeit, eine Perspektive, die nach dem Konzil etwas zurückgetreten ist im geistlichen Leben der Katholiken. Anna Schäffer war von diesem Anliegen Gottes überzeugt, und sie hatte ein gutes Argument, ein gutes Bild für ihre Sichtweise: »Als junges Bäumlein hat mich der Herr in den Garten des Leidens gepflanzt.«[48] Doch sie wusste auch: Ihr Leiden war nicht vergeblich. Es hatte einen Sinn. Es sollte den Menschen dienen, die Christus nicht kennen und verzweifelt sind. Auch um den Frieden bat Anna

Schäffer immer wieder. Und ihr wurde so mancher Trost geschenkt. So durfte sie in einem »Traum« am 23. Februar 1917 eine weitere »Dienerin Gottes sehen in 2 Gesichten«, wie sie schreibt, »deren Namen, soweit ich mich erinnern kann, nur ein einziges Mal gelesen habe; nämlich der gottseligen Dienerin Gottes Anna Taigi! – Ich sah sie, als sie die erste hl. Kommunion empfing! Ach, könnte ich ihr strahlendes Angesicht beschreiben in jenem Augenblicke, als der lb. Jesus in ihr Herz einkehrte. – Und mit welcher Innigkeit sie ihre Danksagung machte! – Und dann durfte ich sie sehen, wie sie auf ihrem Krankenbette lag. In Bildern gemalt sah ich sie nicht, sondern in Wirklichkeit, aber nur im Traume! Und jener Führer, der mir diese gotts. Dienerin zeigte, diesen kannte ich nicht; hatte aber, wenn er es selbst nicht war, viel Ähnlichkeit mit dem selg. Gabriel Possenti! Jene Freitagsnacht werde ich nie mehr vergessen u. von jetzt ab auch diese Dienerin Gottes nicht mehr. Denn wie deutlich ich sie sah u. wie glückstrahlend sie mich anblickte, bleibt mir unvergesslich!«[49] Dass die italienische Mystikerin Anna Taigi (1769–1837), deren Leib in der Basilika San Crisogono im römischen Stadtteil Trastevere aufgebahrt ist, den himmlischen Kontakt zu Anna Schäffer suchte, wirkt stimmig. »Gerade die Liebe zur Eucharistie und das Leiden waren die zwei großen Eckpfeiler, die auch Anna Schäffers Leben geprägt haben«, wie die katholische Journalistin Julia Wächter für *CNA* schreibt.[50]

Bei aller Freude und Verehrung vergaß Anna Schäffer aber nicht, wo der eigentliche Trost zu finden war. »In Kreuz u. Leid finde ich keinen andren Trost als Jesus allein! – Wenn ich auf ihn blicke u. wenn ich mich im Geiste vor den Tabernakel begebe – so ist das schwerste Leid mir süßer u. kostbarer als alle Schätze dieses armseligen Erdentales. [...] Ich möchte mein Krankenbett nicht vertauschen, nicht um die ganze Welt. – Je größer die Leiden u. Trübsale – desto näher bei Jesus! – Ich habe keinen andren Wunsch mehr – als meine noch übrigen Tage für Jesus zu leben – zu leiden u. zu sterben. – O herrlicher Tag der Ewigkeit – wann brichst du an! Wann darf ich hingehen u. erscheinen vor dem Angesichte meines Gottes? Wann darf ich ihn sehen von Angesicht zu Angesicht?«[51]

Derweil hielt der Krieg auch das Dorf- und Gemeindeleben weiter in Beschlag: »Am Palmsonntag, dem 1. April 1917, verkündete Pfarrer Rieger seiner Gemeinde, um 15.30 Uhr fände im Gasthaus Mayr eine Versammlung statt, in der über Lebensmittelfragen gesprochen würde, ebenso über die Kriegsanleihen, deren letzte Zeichnung am Montag, dem 23. April, möglich wäre.«[52]

Während der Karwoche 1917 war Anna Schäffer krank – wie schon so oft zu dieser besonderen Zeit der Prüfung und des Verzichts. Doch 1917 muss es besonders arg gewesen sein, denn sie bat ihren Schutzengel, an ihrer Stelle zu beten, weil sie selbst es nicht vermochte. Am Ostersonntag aber war sie wieder gesund.[53] Natürlich aber war sie weiterhin an ihr Bett, ihre »Leidenswerkstatt«, gefesselt. Das Osterfest Jahr für Jahr im Krankenbett zu begehen, war für Anna Schäffer kein geringes Opfer: »[…] besonders wenn das Allerheiligste in der Kirche feierlich ausgesetzt ist!«[54] Gern würde sie, wie sie schrieb, persönlich vor Jesus im hl. Sakramente weilen. Es seien »fast an jenen hl. Zeiten u. Festtagen die schwersten Stunden auf dem Krankenbette«.[55]

***

Der Monat Mai 1917 stand – mehr noch als sonst – im Zeichen der Jungfrau Maria, die von Papst Benedikt XV. zur »Patrona Bavariae« erhoben worden war. Zur Schirmherrin Bayerns. Eigentlich auf den 14. Mai datiert, wurde dieser Festtag schließlich aufgrund des Krieges am 20. Mai begangen. Anna Schäffer erlebte dieses Hochfest sozusagen zweimal. Denn in ihrem »Traumbuch« hielt sie fest: »Am 11. Mai 1917 träumte mir, ich sei in unserer Kapelle draußen (sie meinte die Altöttinger Kapelle, Anm. d. A.) und der Hochw. Herr Pfarrer predigte dortselbst von unserer Lb. Frau und nach der Predigt war es mir, ich befinde mich in unserer Kirche drinnen und es war das Allerheiligste feierlich ausgesetzt und ich ward auf einem Lehnsessel und haben mich gute Seelen, die mich trugen, etwas schief neben dem Hochaltar vor dem Allerheiligsten hingestellt. Auch ward es mir, der Antritt des Altares sei mit einem roten Teppich bedeckt; ich hatte im Herzen unendliche Freude, dass ich so nahe vor dem Allerheiligsten sein durfte. Hernach erwachte ich und ich lag halt wieder auf meinem Krankenbette. Und am 20. Mai, am Hauptfeste der Patronin Bavariae, ward eine Prozession von der Kirche in die Kapelle – und von da wieder zur Kirche zurück, wo dann mit dem Allerheiligsten der Segen gegeben wurde. Es wurde mir zu diesem Feste jenes unaussprechliche Glück zuteil, gerade so wie es mir träumte. Es trugen mich nämlich gute Seelen in die Kapelle hinaus, wo auch dortselbst der Hochw. Herr Pfarrer eine Ansprache hielt; hernach trugen mich jene guten Seelen in die Kirche zurück, wo dann mit dem Allerheiligsten der hl. Segen gegeben wurde. Und es haben mich jene guten Seelen gerade so vor dem Allerheiligsten hingestellt, wie es mir träumte. Auch der Teppich und alles war genauso wie im Traum.«[56]

In einem Brief schilderte Anna Schäffer, wie Ende Mai 1917 ein schweres Unwetter in der Umgebung von Mindelstetten niederging: »Am vergangenen Mittwoch die vorige Woche zog über unsere Gegend ein schweres Schauergewitter; in Kösching, Theißing, Kasing und die Ortschaften alle darüber hat's alles total zusammengehagelt. Vom Korn und Weizen stehen nur mehr ganz kurze Halme, die Ähren alle abgeschlagen und der Sommerbau und auch die Wiesen sind ganz verwüstet. Nicht einmal Futter haben die Leute mehr für das Vieh. Die meisten Leute da droben tun jetzt nochmals Sommerbau anbauen. Auch von der Westseite her hat's in jenen Ortschaften alle Fenster eingeschlagen, die Steine waren ja fast so groß wie die Taubeneier und am andren Tage mittags waren noch welche dort, so hoch lagen sie da. Bei uns selbst fielen ja auch einige Augenblicke so große Steine, aber es dauerte nicht lange an. An dem Sommerbau und Wiesen gibt's bei uns keinen Schaden. Das Korn ist an manchen Äckern zum Teile und an manchen fast die Hälfte abgeschlagen. Und in den Ortschaften Tettenwang, Hexenagger und darüber soll dasselbe Gewitter gleichen Schaden angerichtet haben als in den oberen Ortschaften; so hörte ich es wenigstens sagen. Heiligstes Herz Jesu, erbarme Dich Deines Volkes und schone die Feldfrüchte.«[57]

»So gesellte sich zu den Schrecken des Ersten Weltkrieges auch noch die große Not einer Missernte, wenigstens in den Gegenden um Mindelstetten. Was das damals für die ohnehin darbende Bevölkerung bedeutete, kann man sich vorstellen. Dazu musste man noch Not leidende Kinder aus dem Rheinland aufnehmen, wie Pfarrer Rieger [...] in seinem Verkündbuch vermerkt hat.«[58]

Ende Mai 1917 ereignete sich auch das »Blumengeheimnis«, ein Analogie-Experiment der besonderen Art, dessen Verlauf Anna Schäffer schriftlich festgehalten hat: »Ich hatte immer an meinem Fenster 2 wunderschöne Myrtenstöcke. Und die Frau Hauptlehrer, die mich sehr oft besuchte, die hat jedes Mal meine schönen Myrten bewundert. Als sie wieder einmal kam, sagte sie, ob ich das Sprüchlein von die Myrten auch weiß, das man von denselben sagt. Als ich es verneinte, sagte sie mir es u. es heißt: Wer eine Myrte baut – wird nicht zur Braut! Als dann jene Frau fort war, hab ich mir von die Myrten etwas gedacht, das ich noch niemandem sagte, auch meiner Freundin schrieb ich jenen Satz nicht, was ich mir dachte. Was ich mir ja dachte, ist kein Wunsch auf dieser Erde – ach, nein! Weil nun jene Frau sagte: Wer eine

Myrte baut – wird nicht zur Braut! So dachte ich mir dann: O lbst. Jesus, wenn ich nicht eine Braut deines liebeglühenden Herzens werden dürfte, so lass mir lieber die 2 schönen Myrtenstöcke kaputtgehen. Und wenn dieselben alle beide in den nächsten Tagen kaputtgehen, dann weiß ich, dass ich deine Braut bin! In einigen Wochen wurden sie dann kaputt; schon den nächsten Tag fingen beide zusammen das Welken an trotz täglichen Begießens. Aber niemand erfuhr, was ich mir dachte.«[59]

Immer wieder erfuhr Anna Schäffer auch von Nachbarn, Freunden und Bekannten, deren irdisches Leben abrupt oder nach langem Siechtum endete, und nahm daran Anteil im Gebet. Unter den Verstorbenen des Jahres 1917 war eine andere große Sühneseele, Therese Mauser (1831–1917), mit der Anna Schäffer in Briefkontakt stand: »Am Fronleichnamstag sind mir meine zwei ältesten Freundinnen fortgegangen in die ewige Heimat. Es waren dies die Ehrw. Krankenschwester Vitalis von Kösching, die mich seinerzeit gepflegt hat, als ich im Köschinger Krankenhaus war, und die langjährige Kranke von Nittenau, die Theres Mauser, welche mir seit einigen Jahren immer schrieb. Diese war schon 86 Jahre alt und lag davon 42 Jahre auf ihrem Krankenbette und hatte auch Rückenmarkleiden. Persönlich gekannt habe ich sie ja nicht, aber seit einigen Jahren unterhielten wir uns brieflich. Von dieser edlen Seele erzählte mir einmal ein Fräulein sehr vieles, woran ich mich unendlich erbaute. – Ach, wie gering und zurückstehend bin ich da gegenüber jener großen edlen Seele – im Leiden und überhaupt in Bezug auf das geistliche Leben. Da kann ich von mir sonst nichts andres sagen, als immer noch eine Abc-Schülerin des Leidens! Wer weiß, wie vieles noch von jener edlen Seele ans Tageslicht kommt zum Troste und zur Erbauung der Seelen. Den letzten Brief schrieb sie mir zu Neujahr. Nun ist sie beim lieben Jesus im Himmel und wird gewiss auch für mich arme Sünderin Fürbitte einlegen beim heiligsten Herzen Jesu.

Sie wird jetzt auch erkennen, wie unvollkommen und unwürdig ich bin. Wie glücklich waren doch diese beiden Seelen, im schönen Herz-Jesu-Monat und besonders am Feste des hl. Fronleichnams durften sie ihren Einzug halten in die ewige Heimat.«[60]

Für gläubige Seelen Bedrückendes geschah in Mindelstetten am 11. Juli 1917: Zum letzten Mal waren die Glocken in ganzer Klangpracht und -stärke zu hören. Das Kriegsministerium brauchte Material für die Anfertigung von Waffen. Anna Schäffer ließ dieser Vorgang nicht unberührt. In einem Brief an ihre Freundin Anna Bortenhauser schrieb sie: »Auch was Trauriges muss ich Dir mitteilen, liebe Anna! Am 11. Juli morgens läuteten unsere Glocken zum letzten Mal! Zwei sind heruntergekommen, die große St. Nikolaus u. die kleine Sterbeglocke St. Barbara. Ja, lb. Anna, an diesem Tage hat's in aller Augen viele Tränen gegeben. Jetzt haben wir nur mehr die mittlere St. Mariä, welche immer die Viertel usw. an der Uhr anschlägt u. dass auch die Ganzen (die Stunden) angeschlagen werden, dazu haben's jetzt das kleine Kapellenglöckerl hinaufgetan u. vertritt die Stelle der großen St. Nikolaus. Und wenn man das Glöckerl läuten oder schlagen hört, so ist es grad, als wie wenn es selbst mitweinen würde, einen solchen mitleidvollen Ton gibt es von sich. ›Herr, dein Wille geschehe!‹ Suchen wir unsern Trost in den Worten des lb. Heilandes, als er einstens sprach: ›Ohne mich könnt ihr nichts tun!‹ Und wäre es nicht sein hl. Wille gewesen, so hätte er es gewiss anders geleistet. Leiden wir daher alles Herbe u. Bittere mit Geduld u. Ergebung zur Sühne für die vielen – grenzenlosen – Frevel – die wider das hl. Gut des Glaubens so vielfach begangen werden u. so den lb. Heiland immer mehr beleidigen u. seinen Arm der Barmherzigkeit immer mehr zurückhalten!«[61]

Obwohl sie an ihr Bett gefesselt war, scheint Anna Schäffer im Sommer 1917 über alles, was sich in Europa zutrug, im Bilde gewesen zu sein. Von Einzelheiten, die auch die

Wirksamkeit ihrer eigenen Gebets- und Leidenshilfe nahelegen, gibt eine Vision folgenden Inhalts Zeugnis: »Während des Krieges sah ich im Traume viele Schlachten durchkämpfen und war auch da im Traume auf allen Kriegsschauplätzen. Einmal war ich im Traume wieder auf dem rumänischen Kriegsschauplatz und es spielte sich daselbst eine große Schlacht ab. Das ganze Schlachtfeld war nur eine Rauch- und Dampfwolke und es war da ganz finster. Nur das Feuer und die Geschosse, die wie Hagelkörner fielen, erhellten den Kampfplatz. Ich war ganz nahe neben unseren Soldaten dort, welche der Reihe nach am Boden lagen. Ich sah auch viele Bekannte unter ihnen und ich ging immer die Feuerlinie auf und ab. Der Feind war auch schon ganz nahe da, und sie sahen mich auch gehen. So oft das Feuer das Antlitz unserer Soldaten erhellte, sah ich dieselben mit schweißbedecktem Angesichte, und furchtbares Stöhnen nahm ich von vielen gewahr, deren Züge gerade waren wie die der Sterbenden. Viele unter den Soldaten sahen mich auch und so viele riefen mir zu: ›Steh für mich vor! Steh für mich vor!‹ Und für jeden wollte ich vorstehen und ging immer von einem zum andern. Und sooft wieder einer sagte: ›Steh für mich vor!‹, in eben dem Augenblicke sind mir wieder mehr als 20 Kugeln durch den Leib durch und ich hielt dieselben auf, dass sie unsere Soldaten nicht trafen. Mehr als 1000 Kugeln haben mich da getroffen. Wie schwer muss es aber in Wirklichkeit für die Soldaten gewesen sein, wenn schon ein Traum von einer Schlacht so schwer war.«[62]

Auf fernen Kriegsschauplätzen wie eine physisch reale menschliche Gestalt präsent zu sein – dies deutet auf die Gabe der Bilokation hin, die dem berühmten Pater Pio nachgesagt wird, der während des Zweiten Weltkriegs bestimmten Soldaten, sogar Flugpiloten, erschienen sein soll, obwohl er sich im italienischen San Giovanni Rotondo aufhielt. Anna Schäffer erging es – geleitet von der Gnade – offensichtlich nicht anders. Aus Sicht von Alfons M. Weigl gehört dieses Phänomen »zu dem Ergreifendsten und Beachtenswertesten«, es seien »durchaus keine Halluzinationen und Fantastereien« im Spiel, »wie manche einwenden möchten«.[63]

***

Anfang September berichtete Anna Schäffer von Augenproblemen und Schlaflosigkeit: »War ja aber diese Zeit hindurch wieder krank u. durfte wieder allerlei kleine Übel erleiden; besonders waren diesmal die Augen sehr in Anspruch genommen u. hatte viele Augenkrämpfe, sodass an manchen Stunden meine Sehkraft so gemindert war, dass ich oft von meinem Bett nicht einmal bis zu meiner lb. Herz-Jesu-Statue hinsehen konnte, obwohl diese kaum 3 Schritte von mir entfernt ist. Und die viele Schlaflosigkeit, die ich, wenn ich es richtig sage, seit vom Mai immer hatte, trug nämlich viel dazu bei. Seit vom Samstag, dem 1. Sept., ist es aber mit den Augen wieder so gut als zuvor u. habe auch keine Krämpfe mehr.«[64] In den Nächten, an der Schwelle ihres Bewusstseins, geschahen weiterhin geheimnisvolle Dinge: »Am vergangenen Samstag morgens verfiel ich in kurzem Schlummer u. da träumte mir vom hlgst. Herzen Mariä so schön, dass ich es nicht beschreiben kann, u. eine Stimme sagte mir im Traume 2-mal – heut wirst Du noch eine schöne Herz-Mariä-Statue erhalten. Ich erwachte drauf u. dachte nicht weiters mehr an den Traum! Und am Samstagnachmittag habe ich die Statue vom hlgst. Herzen Mariä erhalten – u. ich habe fast gar nichts sagen können, als sie mir der Frau Rainer von Elsendorf ihr kleiner Student überbrachte!«[65]

Nicht nur für solche übernatürlichen Zeichen war Anna Schäffer stets empfänglich, auch die Schönheit der Natur in ihrer unmittelbaren Umgebung nahm sie mit Bedacht wahr. »Meine beiden schönen Myrten sind kaputt, die eine ist schon gestorben u. die andre wird's in ein paar Tagen haben, dass sie so dürr ist wie Heu. Und waren jetzt immer so schön

u. groß, dass sie kaum mehr an meinem Fenster Platz gehabt hatten. Nun ja, es wird eben alles Gras Heu – u. wir auch?«[66]

***

War Anna Schäffers körperliches Leiden während des Krieges auch von der Abwesenheit des Arztes beeinflusst, der zum Militär einberufen worden war? Ohne ihn musste die notwendige Wundversorgung trotzdem genau und regelmäßig verrichtet werden. »Meine 32 Wunden eitern ja immerfort recht sehr u. muss ich immer am dritten Tag verbinden; das tue ich jetzt schon, seit Krieg ist, u. auch zuvor schon ein paar Jahre immer selbst. Wohl ist ja vor dem Kriege der Arzt öfter gekommen u. hat nachgesehen u. wenn er wieder etwas wusste, wieder ein neues Mittel verordnet, aber jetzt ist der betreffende Arzt seit Anfang des Krieges im Felde. [...] Jetzt muss ich die Wunden immer mit Lysolwasser auswaschen u. habe dann von der Apotheke Verband u. Salbe u. Watte zum Verbinden; u. alle 14 Tage muss ich auf die Wunden pulverisierten Alaun streuen u. dann ohne Salbe verbinden; dieses muss ich deswegen tun, dass ich nicht immer ausgekratzt werde. Hatte ja schon vielerlei Verbände, was halt der Arzt immer für gut fand. Bis ich mich verbinde, brauche ich schon länger als ½ Stunde; da kann ich ja die Waschschüssel unter jedem Fuß hinter stellen u. da kann ich es schon machen, das Verbinden, u. braucht mir nur meine lb. Mutter die Sachen auf einen Stuhl herstellen, was ich hierzu brauche, denn auf dem Bett liege ich ja mit den Füßen nicht auf, sondern habe unter den Fersen u. unter den Knien Spreusäckchen, dass sie höher liegen; da kann ich die Waschschüssel ganz schön durchstellen u. kann mir beim Verbinden deswegen gut helfen, denn ich kann ja keinen Fuß bewegen u. bin an beiden ganz steif bis zu den Hüften herauf; muss auch schon immer auf den Spreusäckchen liegen, dass es unten immer höher ist u. auch schon wegen der Schmerzen.«[67]

Doch wie es ja auch ihr bilokaler Einsatz auf dem Kriegsfeld verdeutlicht, Anna Schäffer drehte sich keines falls nur um sich selbst und ihre Leiden. Sie hatte eine im wahren Wortsinn globale Perspektive. Die weltpolitische Lage und die Intentionen des Papstes waren ihr bekannt. So schreibt sie am 21. September 1917 an die Pfarrhaushälterin Anna Bortenhauser in weltkirchlicher Intention: »Opfern wir so manches Stündlein nach Meinung unseres Vaters auf – damit er recht bald unter den Völkerwirren den Frieden bewirken kann! Unterstützen wir unsern hl. Vater mit dem Gebete nach seiner Meinung u. bringen wir im Geiste der Sühne – so manches Opfer – nach seiner Meinung.«[68]

Wie der Papst in Rom um den Frieden rang, ist bekannt: »Papst Benedikt XV., der als Friedenspapst in die Geschichte eingegangen ist, ließ am 1. August 1917 mit dem Einsatz der gesamten religiösen und diplomatischen Autorität des Heiligen Stuhles eine päpstliche Friedensnote durch seine Nuntien allen am Krieg beteiligten Staaten überreichen, um einen gerechten und dauerhaften Frieden herbeizuführen.«[69] Eine gute Idee, die nicht von Erfolg gekrönt war.

Dabei wäre vermutlich laut Emmeram H. Ritter im Jahr 1917 »eine Befriedung ohne Sieger und Besiegte, wie es der Heilige Vater anstrebte, noch möglich gewesen. Wie viel Blutvergießen und Zerstörungen wären dadurch den Menschen erspart geblieben? Aber die Regierungen der verfeindeten Nationen wollten nicht auf das Oberhaupt der katholischen Kirche hören. Arroganz und Überheblichkeit der deutschen Obersten Heeresleitung samt Kaiser Wilhelm II. verhinderten ebenso den Friedensschluss wie die von der Freimaurerei stark beeinflussten Staatenlenker von England, Frankreich und dem 1917 infolge des U-Boot-Kriegs in den Krieg eingetretenen Amerika. Außerdem bereitete sich der Protestantismus auf die 400-Jahr-Feier der Einführung der Reformation durch Martin Luther vor, und die

Freimaurer, denen es vor allem um die Beseitigung der von ihnen verachteten katholischen Monarchien ging, feierten ihr 200-jähriges Gründungsjubiläum. Beiden war das Papsttum in Rom und alles, was von ihm initiiert wurde, suspekt.«[70] Interessante Erklärungen, die derart formuliert in der offiziellen Geschichtsschreibung nur selten, wenn überhaupt auftauchen, weil sie eine antikirchliche Verschwörung voraussetzen.

Anna Schäffer klagte nicht über das Negative, sie konzentrierte sich auf die positiven Dinge – wie zum Beispiel das »Rosenkranzfest«, das in Mindelstetten auch 1917 feierlich begangen wurde und besonders für die Mitglieder der Marianischen Kongregation eine wichtige Bedeutung hatte.[71]

»1917 wurde es am Sonntag, den 7. Oktober, feierlich begangen. Pfarrer Rieger ermunterte die Gläubigen zum täglichen Rosenkranzgebet, das, falls möglich, jeweils während der hl. Messe um 7.30 Uhr, an den übrigen Tagen abends um 18.00 Uhr und an Sonntagen um 13.30 Uhr in der Pfarrkirche verrichtet werden konnte.«[72] Anna Schäffer nahm daran wie auch an den vielfältigen Aktivitäten ihrer Freunde und Bekannten im Geiste teil. Diese Hilfe und Anwesenheit versprach sie auch für die Zeit nach Ablauf ihrer irdischen Lebensbahn: »Wenn ich einmal in der Ewigkeit drüben bin u. werde mit der Gnade Gottes so glücklich sein, dahin zu gelangen, wo Jesus ist – so werde ich euch gewiss auch nicht vergessen.«[73]

Doch: Wie war das eigentlich, wenn Anna Schäffer Besuch von ihren Freundinnen bekam und sie versuchten, über die Dinge zu sprechen, die ihnen am Herzen lagen? Man kann (wie es Emmeram H. Ritter tut) zu Recht vermuten, dass es nicht immer so einfach war. Manche Gedanken und Gefühle lassen sich in Gegenwart von Menschen nicht so einfach in Worte fassen, selbst wenn man sich durch den regelmäßigen brieflichen Austausch nahesteht. Und: Herrscht nicht gerade an Krankenbetten oft eine beklommene Atmosphäre? Manchmal auch Zeitdruck? Leichter war die direkte Kommunikation wahrscheinlich für die Kinder, die gern zu Anna Schäffer kamen und ihr lauschten und zuhörten. Sie sprachen klar aus, was sie dachten, und sie hatten offenbar auch keine Probleme, wenn es darum ging, die maximale Nähe zu Anna Schäffer durch Drängeln zu ergattern. »Oft sagen sie auch, besonders so kleine von 7–10 Jahren – geh', sag's uns, wennst einmal stirbst, dass wir's Kreuzl u. Kerzen tragen dürfen – u. da drücken sie sich, besonders wenn oft mehrere beisammen sind, so an meine Bettstatt her, dass, wenn dieselbe nicht in der Ecke stünde, sie mich samt der Bettstatt herumrückten, u. jedes will halt dann immer mehr gelten. Besonders wenn es im Sommer Blumen gibt, da habe ich ja oftmals mein ganzes Bett voll u. wusste oft nicht, wo ich sie alle hintun solle, so viele bringen sie mir. Diese Tage sagte erst wieder ein kl. Schulmädchen, wennst stirbst, dann ziere ich Dein Grab; nun freilich lobe ich's dann, wenn sie mir solche Ehre erweisen wollen.«[74]

Als Anna Schäffer erfuhr, dass es in Niederbayern ein Mädchen gab, das sich beide Arme verbrannt hatte, nahm sie daran großen Anteil. Sie spürte, dass sie es im Vergleich mit dieser »besser« habe, »weil ich doch die Arme gebrauchen kann u. jenes Mädchen wird wohl mit ihren Händen gar nichts tun können, auch nicht einmal Handarbeiten verrichten«.[75]

Voll Empathie und Solidarität schrieb Anna Schäffer: »Ach recht gern hätte ich noch die Arme von jenem Mädchen, dann könnte dasselbe ihren Arbeiten nachkommen u. bei mir wäre halt dann der ganze Leib steif.«[76]

Doch auch ohne verbrannte Arme war das Leiden schwer genug, und es wiederholte sich stets das gleiche Leidensmuster, der gleiche medizinische Mechanismus, wenn es um das Verbinden der Wunden ging: »Es sind ja die Verbindtage (welches immer der dritte Tag ist) immer etwas schwerer u. es dauert immer die darauffolgende Nacht u. den anderen Tag auch noch, bis grad die größten Schmerzen etwas nachlassen. Ja, lb. Reserl, beim Verbinden betrachte ich immer die 10. Kreuzwegstation, wie viel Undenkbares der lb. Heiland an seinem hlgst. Leib erduldete, als man ihm die Kleider vom Leibe riss, welche so tief in den Wunden geklebt waren, u. so kann ich arme Sünderin über mein weniges doch keine Klage haben! Wenn auch der Verband oft recht angeklebt ist u. mir ja das Verbinden unendlich viel Schmerzen bereitet – aber ein Blick auf den leidenden Heiland mit einem innigen Seufzer: ›Herr, wie Du willst – Dein Wille geschehe!‹ Dann ist es ja immer wie milder Balsam für das leidende Herz.«[77]

Anna Schäffer wusste: Die Schmerzen, das Leiden, war nicht umsonst – es diente anderen. »Und wie vieles können wir im Leiden den armen Seelen schenken – u. unsere Leiden auch aufopfern zur Sühne u. zum Heile der unsterblichen Seelen! Und wenn ich dann wieder bessere Tage habe, d. h. wenn ich halt nicht so krank bin, dann arbeite ich auch, wie Stricken, Sticken oder Häkeln, was ich halt grad zu tun habe! An den Nachmittagen arbeite ich dann, wenn ich kann, und der Vormittag gehört zum Heile meiner unsterblichen Seele!«[78]

Ihr »größter Trost« in all diesen Schwierigkeiten war die »fast tägl. hl. Kommunion«.[79] Auch das Weihnachtsfest 1917 stellte sie ganz in diesen eucharistischen Kontext. »Bitten wir unsern hl. Schutzengel recht innig, er möchte uns behilflich sein, unser Herz so zu gestalten, damit das lb. Jesulein, wenn es in der hl. Kommunion in unser Herz einkehrt – dasselbe bereitet finde zu einer recht würdigen u. ruhevollen Krippe!«[80] Dazu spielte für die Mystikerin weiterhin die Dimension des Todes, die Sehnsucht danach, mit Gott wiedervereint zu sein, eine große Rolle. »Wie schön wird es dann erst sein, wenn wir mit allen Engeln u. Heiligen vereint das hl. Weihnachtsfest im Himmel feiern dürfen.«[81]

Sie selbst war kurz vor Weihnachten ein paar Tage krank, und hatte auch zum Jahresausgang »wieder eine arge Entzündung an meinen Wunden«, doch daran hatte sie sich quasi gewöhnt, denn »1–2 Tage bin ich ja fast alle Wochen krank als Dreingabe zu meinem alten Leiden«.[82] Das Entscheidende war aber etwas anderes, wie sie ihrer Freundin Anna Bortenhauser mitteilte: »Jetzt, zum Jahresschluss, wird ja überall abgerechnet u. so wollen wir es beide auch mit uns selbst recht gründlich machen, d. h. wir sollen unser Herz reinigen von jeder Sünde u. auch ganz neu umgestalten, dass wir im neuen Jahre ein neues Leben beginnen – ein Leben in – mit – u. für Jesus.«[83]

***

Das Jahr 1918 sollte zwar endlich das Ende des Krieges bringen, doch der Weg dahin war noch mit viel Blut und Verwirrung gepflastert. Anstatt den vom Papst anvisierten Frieden einzuleiten, wurden junge Menschen eingezogen für den militärischen Dienst. Einem von diesen gab Anna Schäffer, als er sie besuchte, ein vom Papst geweihtes »Fleckerl«, das dieser junge Mann in seine Uniform einnähte.[84] Trotz »heftigen Artilleriebeschusses durch Engländer und Amerikaner« kehrte er unverletzt aus dem Krieg zurück. Als nach dem Krieg bei ihm an den Händen rheumatische Probleme auftraten, wandte er sich, wie er als Zeuge im Seligsprechungsprozess ausgesagt hat, wieder an Anna Schäffer. Sie beruhigte ihn (»Lass dir nur Zeit, das kriegen wir schon wieder weg«), organisierte ihm ein Heilmittel von einer Apotheke in Nürnberg, und die Probleme verschwanden tatsächlich.[85]

Am 20. Februar 1918 beging Pfarrer Rieger »das Jubiläum der goldenen Hochzeit von Ludwig III. und seiner Gattin Maria Theresia festlich mit Hochamt und Te Deum in Anwesenheit der Pfarrkinder, der Beamten, der Gemeinde- und Kirchenverwaltung sowie der Schulkinder«.[86]

Anna Schäffer setzte in ihrem – nur äußerlich eng anmutenden – Rahmen in Mindelstetten das fort, was sie auch in den vorherigen Kriegsjahren gemacht hatte. »Sie betete, opferte für ihre Mitmenschen, sie übte ihr Briefapostolat aus und arbeitete, um anderen Freude zu machen. Wie sehr sie gerade in diesem Jahr gelitten hat, geht aus zahlreichen Briefen hervor, die sie geschrieben hat.«[87] Ebenso verfasste sie Gebete in Reimen, um das Leiden Jesu lyrisch auszudrücken.

»Lehr Du, o Herr, mich gehn, den Weg nach Golgatha –
Und wenn ich schwanke, sei mit Deinem Geist mir nah –
Gib dass ich stets vor Augen hab Dein Angesicht –
Aus dessen Aug' Geduld und ewige Liebe spricht –
O lass mein Leben stets mich Deinem Dienste weihen –
In Leid, im Schmerz und Kampf nur Dir ergeben sein –
Und sei, wenn einst die letzte dunkle Nacht bricht an –
Mir Leuchte, dass zum letzten Ziel ich finden kann!«

Gekreuzigter Jesus, ziehe mein Herz zu Dir, dass es Dich liebe; entzünde in demselben das Feuer der Liebe – welches Du willst, dass es in allen Herzen brenne. Hefte es an Dein Kreuz mit den Nägeln Deiner hl. Furcht, des Gehorsams und der Liebe. Setze mir Dein Kreuz und Deine Dornenkrone wie ein Siegel auf meine sündhafte Seele, ja pflanze es in die Mitte meines Herzens, dass ich Deines Leidens stets eingedenk, in Liebe und Leiden mein Leben vollbringe. Sei mir gegrüßt, o Du lb. Kreuz meines Heilands! In Dir allein finde ich Heil und Gnade u. einstens den Himmel.«[88]

Doch es gab trotz aller Not stets auch Momente der Erleichterung. In einem Brief an ihre Freundin Anna Bortenhauser schrieb Anna Schäffer: »Dein gutes Mütterlein lässt Dich nun wieder recht liebevoll begrüßen mit der freudigen Kunde, dass nun Dein lb. Bruder Max ganz frei ist vom Militär. Diese Woche musste er seine Uniform einsenden.«[89]

Am 26. April 1918 trat mal wieder die kleine Therese von Lisieux, die Anna Schäffer bereits in einem früheren Traum erschienen war, an ihr Bett. Gestützt auf den ersten Biografen, Friedrich Ritter von Lama, berichtet Emmeram H. Ritter: »Diese überreichte ihr eine Dornenkrone, die ganz von Blut gerötet war und an jeder Dornenspitze einen frischen Blutstropfen aufwies. Therese sagte dann zu ihr: ›Eine große Prüfung steht Dir bevor, darunter Du sehr viel im Geiste mitzuleiden hast. Aber es wird Dir zum Heile sein und es wird alles glücklich und gut enden.‹«[90] Weiter schreibt Ritter: »Eine besondere Freude in diesem Jahr dürfte (für) Anna die Briefkarte des Salzburger Weihbischofs und späteren Fürstbischofs Dr. Ignaz Rieder vom 24. Mai 1918 bereitet haben. In dem Schreiben heißt es: »Glücklich, wer den Heiland gefunden und den Gekreuzigten lieb hat; doppelt glücklich, wer aus Liebe zu ihm und mit ihm leiden darf. [...] So bleiben Sie nur in seiner Liebe und beten Sie für die Rettung der Seelen. Im Geiste segne ich Sie und bitte auch um Ihr Gebet.«[91] Bischof Ignaz Rieder (1858–1934) galt selbst, wie man den Quellen entnehmen kann, als »engelgleich«; in Anna Schäffer dürfte der Hirte eine verwandte Seele erkannt haben.

Die gesellschaftliche Großwetterlage blieb jedoch aufgrund des Krieges schwierig. Die sozialen Spannungen zwischen rechten und linken Kräften wuchsen. Auch gesundheitlich verdüsterte sich der Zustand der Bevölkerung: »Zu den großen Leiden wie Hunger, Entbehrung, Angst vor der ungewissen Zukunft und vor allem um die angehörigen Soldaten an der Front [...] gesellte sich zudem eine landesweite Grippeepidemie. Und sicher ist hier auch einer der Gründe zu suchen, weshalb die Widerstandskraft gegen die Revolution geschwächt wurde. In München allein forderte die im Volksmund als »Spanische Grippe« bezeichnete Epidemie bis zum 1. November 450 Todesopfer; in der ersten Novemberwoche starben allein 176 Personen, an einem einzigen Tag, am 5. November, zählte man 34 Grippetote. Aber nicht nur in der Hauptstadt herrschte die furchtbare Krankheit, sondern auch – und vielleicht sogar noch mehr – auf dem Land. Auch Mindelstetten und die Umgebung blieben davon nicht verschont.«[92] Anna Schäffer berichtete in einem Brief vom 23. Juli 1918 über ihre Erfahrung mit der Grippe: »[…] In letzter Zeit wäre es mir bald so gut gegangen, dass ich Dir kein Namenstagsbrieflein hätte schreiben können; denn ich hatte jetzt schon 2 x nacheinander die ›Spanische‹ u. immer dauerte dieselbe über 8 Tage. Gestern habe ich noch immer geglaubt, ich kann nicht, nun geht's aber doch, dass ich schreiben kann! […] Hast Du dieselbe schon gehabt? Hier haben's schon fast die Mehrzahl gehabt; auch im Hartls Hause hatten's schon alle, bis auf meine lb. Mutter u. Hartls Großmutter noch nicht. Wenn Du von derselben verschont bleibst, das wünsche ich Dir aus ganzem Herzen u. möchte es für Dich gewiss recht gerne aushalten u. noch für 3 Seelen. […] Dann hätte ich's halt dann im Ganzen 6 x gehabt. Das erste Mal hatte ich's von Peter und Paul an bis zum 7. Juli, da hab ich aber dennoch an das Kongregationsfest feste gedacht u. dann bekam ich einen ganzen Tag lang so viel Zeitlang nach meiner lb. Schwester Kathi, dasselbe war aber den darauffolgenden Tag gestillt, denn meine Schwester kam ganz unverhofft mit ihren 2 Mädln u. blieben 8 Tage da u. war diese Zeit hübsch beisammen […]. Und als dann meine Besuche fort waren, hatte ich die ›Spanische‹ wieder bis jetzt.«[93] Ihr souveränes Fazit: »Die Hauptsache ist, wenn es mir im geistl. Leben stets gut geht u. dass ich den hl. Willen Gottes erfüllen kann; dann bin ich auch im Leiden so glücklich, dass ich es nicht beschreiben kann.«[94]

***

Im Sommer 1918 hatte Anna Schäffer aber nicht nur eine Begegnung mit der Grippe – im Traum sah sie einzelne Seelen im Fegefeuer. Sie berichtet davon ausführlich: »Da ward es mir, ich besuchte eine schwer kranke Frau, und diese sagte zu mir, ich soll von ihrem Zimmer aus durch 7 Zimmer gehen, und beim letzten soll ich eine Zeit lang bleiben. Ich tat nun, was mich jene Frau hieß, und ging durch 6 Zimmer, und als ich zum siebenten hinkam, da war eine Glastüre, und ich sah durch dieselbe, dass in jenem Zimmer unendlich viele Leute drinnen sind. Da überkam mich eine Angst und ich dachte mir: Das sind gewiss arme Seelen. Doch ohne weiter zu zögern, öffnete ich die Tür und rief: ›Mein Jesus Barmherzigkeit! Für euch alle!‹ Und mit großem Dank begrüßten mich alle. Und unter den vielen Gestalten redete ein mir noch jung vorkommendes Mädchen ganz besonders viel mit mir. Auch war um ihr Haupt und in ihren Zügen ein hell leuchtender Schein, was man bei allen anderen nicht bemerken konnte. Und dieselben sahen auch noch viel, viel leidender aus. Jenes hell leuchtende Mädchen sagte mir auch, dass es auf der Welt einem hochadeligen Stande angehörte, und dass sie noch besonders büßen muss für ihre Zungensünden und für ihre Hoffart, die sie wegen ihrer schönen Zähne hatte. Dann nahm sie meine rechte Hand und hielt sie vor ihren Mund hin, damit ich verspüren könnte, welche Hitze sie wegen oben Genanntem leiden muss. Von ihren Zähnen ging eine solche Hitze weg, dass ich im Traume glaubte, es sind mir auch die Knochen in der Hand verbrannt. Ich hatte etwas Furcht dabei und betete unterdessen immer Stoßgebete. Dann sagte ich zu ihr, ob sie denn in den Stoßgebeten wie ›Mein Jesus Barmherzigkeit!‹ und dgl. eine besondere Linderung erfahre. Und da sagte sie mir: In einem Augenblicke, da die Stoßgebete für sie (für die arme Seele) aufgeopfert werden aus einem reumütigen Herzen, in eben dem Augenblicke empfange sie großen Trost und Linderung. Und nun betete ich für alle lange Zeit lauter Stoßgebete, worauf dann alle weinten, bis auf jene hell leuchtende, die nicht weinte. Dann nahm mich jene bei der Hand und führte mich zum Fenster hin, und da sagte sie: ›Sieh, hier draußen ist die Welt, die verblendende und nicht ahnende, wie schwer man alles büßen muss.‹ Und ich sah da draußen viele Leute vorbeigehen. Und dann setzte sie sich wieder auf einen Stuhl neben dem Tisch hin. Aber alle anderen gingen nicht von ihren Plätzen. Dann sagte ich zu ihr, sie solle es nur sagen, wenn ihr noch etwas abgeht, dann würde ich für sie recht fleißig beten. ›Oder‹, sagte ich dann zu ihr, ›wenn du es mir lieber aufschreiben willst, dann schreibst es mir auf, was dir abgeht.‹ Und ich gab ihr dann ein Blatt Papier und Bleistift. Und dann schrieb sie was drauf. Auf der 1. Zeile stand: 1. hl. Messe. Und das andere konnte ich nicht lesen. Auch ihr Name stand dort, und den konnte ich auch nicht lesen. Aber alles war schon so schön geschrieben, dass ich in meinem Leben noch nie eine solch schöne Schrift sah. Als dann die anderen dies sahen, weinten sie alle ganz laut. Und ich sagte dann zu ihnen: ›Ihr dürft ja auch alles aufschreiben, was euch abgeht.‹ Und ich gab auch jedem ein Blatt Papier hierzu. Aber was diese draufschrieben, war alles grau, und man konnte nichts lesen, was draufstand. Während nun diese vielen schrieben, betete ich für sie wieder Stoßgebete, und da sagte ich auf einmal zu allen: ›Allen, wie ihr da seid, opfere ich jedem eine hl. Kommunion auf.‹ Und in demselben Augenblicke fingen wieder alle zu danken und zu weinen an. Dann sagten alle miteinander: ›Die hl. Kommunion, das hl. Messopfer, das kostbare Blut Jesu sei für sie ein solch unendlicher Trost und Erquickung, dass sie es nicht auszusprechen vermögen.‹«[95]

***

Anna Schäffer hatte nicht nur die eigenen Krankheiten und körperlichen Leiden im Blick – und auch nicht nur das Wohlergehen der Verstorbenen. Anfang September 1918 berichtete sie der Freundin Anna Bortenhauser, wie sie sich um ihren kriegsversehrten Bruder Michael kümmerte: »Meinem Bruder Michl seine Seite, an der er schon fast 3 Jahre zu tun hatte, den musste ich diese Woche täglich 3 x verbinden, so arg eitert die Wunde, die er hat. Am Montag muss er wieder ins Lazarett u. muss sich einer Operation unterziehen. Am Freitag war ein Militärarzt da u. der sagte: dass ihm die Rippen 3 bis 4 Stück vollständig abgekratzt werden müssten u. kann auch sein, dass eine ganz herausmuss. Diese Stelle ist auf der linken Brustseite u. hat ihm zu schmerzen angefangen, als er einmal auf der Brust so arg geimpft wurde, u. da hatte er jetzt seit dieser Zeit immer einen Hügel dort in der Größe eines Ganseies. Vor 2 Jahren war er wegen dem auch schon ½ Jahr im Lazarett. Jetzt hatte er 3 Wochen Urlaub u. seit über 8 Tagen ist die Entzündung an der Seite gar so arg u. so matt ist er, dass er ohne Stock gar nicht zu mir raufgehen könnte. Wenn ich ihn verbinde, muss ich mir immer die Tränen unterdrücken, wenn ich ihn so arg leidend sehe, wie gerne wollte ich's für ihn aushalten.«[96] Die kleinlichen Familienstreitereien zu Beginn ihres Leidensweges waren längst von größeren Schwierigkeiten, echten Nöten, überlappt und getilgt worden.

***

Der Impuls, für andere leiden zu wollen, die Sehnsucht nach Sühne – sie kannte bei Anna Schäffer tatsächlich keine Grenze. Alles, was geschah, sah sie im Lichte des Kreuzes. Eine Vision, die ihr am 10. Oktober 1918 geschenkt wurde, unterstreicht dies: »Es übergab mir jemand ein unendlich großes Kreuz und legte es vor mir nieder. Es war dasselbe so groß und schwer, dass ich es nicht einmal aufheben konnte, ja nicht einmal ein bisschen vom Platz wenden. Das ganze Kreuz war über und über mit kostbaren Perlen und Steinen besetzt und glitzerte alles so schön und hell wie Kristall. Während ich das Kreuz eine Zeit lang betrachtete und inniges Wohlgefallen daran hatte, da öffnete sich auf einmal von selbst der obere Deckel des Kreuzes und ich sah das ganze Innere des Kreuzes. Es war dasselbe innen ganz beschrieben von unendlich schöner Schrift. Ich konnte aber vor lauter Staunen nicht lesen, was alles drinnen stand. Nur der Querbalken war überaus kostbar verziert, und es stand in der Mitte desselben mein Name: Anna Schäffer.«[97]

Stellvertretend zu sühnen gab es in der Tat einiges – im Kleinen und im Großen. Dies wird insbesondere deutlich, wenn man sich anschaut, was Anna Schäffer Dramatisches in der Nacht vom 13./14. Oktober 1918 erlebte, in der Nacht also, in welcher die Tochter des Bürgermeisters von Hiendorf starb. Anna Schäffer schreibt dazu Folgendes: »Die Nacht vom 13. auf den 14. Oktober war sehr leidensvoll und ich hatte große Schmerzen. Da war es nun am Morgen ½ 3 Uhr bis ½ 5 Uhr und da verfiel ich auf einmal in sanften Schlummer, aber nur für ein paar Augenblicke. Da hatte ich einen so bösen Traum. Es war mir, als ob der böse Feind da war, und er schlug mich so viel und so lang, dass ich gar nicht sagen kann. Dann sagte er zu mir, dass er mich deswegen so schlage, weil ich für das Mädchen von Hiendorf so viel gebetet habe, was mich doch gar nichts angehe, sagte er. Ich schrie im Traum so viel und hörte aber unterdessen auch, wie oft mich meine Mutter beim Namen rief. Ich hörte auch, dass bei den Hausleuten drunten jemand ans Fenster klopfte und erkannte die Stimme des Hochw. Herrn Pfarrers, der klopfte und sagte: ›Forchhammer, Sie sollen gleich nach Hiendorf gehen. Das Mädl vom Bürgermeister ist gestorben.‹ Aber ich bekam immerfort Schläge. Da hörte ich wieder meine Mutter, als sie rief: ›So wach doch auf und schrei nicht gar so laut. Das hört man ja bis zur Straße nunter und geklopft hat grad auch jemand bei die Hausleut unten.‹ Ich wollt sagen: Ja Mutter, das Mädl von Hiendorf ist schon gestorben, aber ich konnte kein Wort sprechen. Nun sprach ich im Herzen immer den Namen Jesus aus und nach wenigen

Augenblicken erwachte ich dann richtig und es war 5 Uhr. Hätte aber dann bald noch kein Wort sprechen können, so schwach bin ich nach einem solchen Traum. Den ganzen Tag drauf bin ich dann immer so matt, als wenn mir alle Glieder entzweigeschlagen wären.«[98]

***

Als im November nicht nur der Krieg zu Ende ging, sondern in Bayern auch die Revolution ausbrach, die sowohl der Monarchie wie auch der Kirche feindlich gesonnen war, fasste Anna Schäffer die geistliche Atmosphäre – und nur um diese ging es ihr – so zusammen: »Wie vieles hat sich im Armenseelenmonat geändert! Doch Gebet u. Vertrauen sind die besten Waffen. Und wenn der lb. Jesus in der hl. Kommunion in unsere Herzen einkehrt, so bitten wir ihn nur umso inniger, denn er ist der Gebieter aller. […] Nach der hl. Kommunion empfehle ich dem lb. Jesus stets alle Katholiken recht sehr, die ganze Herde mit allen Hirten. Und da bitte ich stets den lb. Heiland, er möge alle glücklich diese Prüfung überstehen lassen, u. zur Sühne für alle möchte ich mich ihm als kleines Sühneopfer anbieten u. möchte eine kleine Martyrin sein für alle! Auch für alle andren bitte ich ihn, er möge ihnen seinen Segen verleihen, dass sie zur Einsicht kommen.«[99] Zu Recht bemerkt Emmeram H. Ritter, dass mit den »anderen« wohl die Revolutionäre gemeint gewesen seien.[100] Die Kommunisten, die von einer staatlichen Ordnung ohne Gott träumten. Von einer Welt ohne Klassenschranken und ohne Transzendenz. Von einer Welt der verordneten sozialen Gleichheit und Gerechtigkeit.

In einem Brief an Oberin Mansueta vom Krankenhaus in Kösching machte Anna Schäffer am 13. Dezember 1918 klar, was aus ihrer Sicht schieflief: »Ach, wie viel Sühne braucht u. verlangt der Herr in dieser gegenwärtig bedrängten Zeit für alle Frevel, die ihm im hlgst. Sakramente u. der ganzen hl. Kirche zugefügt werden? Ich möchte mich, o lbst. Jesus, auch an das Häuflein Deiner Getreuen anschließen u. mit ihnen vereint Dir Sühne u. Abbitte leisten.«[101]

***

Es stimmt schon: »Die Opferbereitschaft für die Kirche und ihre Hirten, für Anna eine Selbstverständlichkeit, war kaum zu überbieten. Sie nahm großen Anteil an den Gefahren, die der Kirche unmittelbar nach dem Ersten Weltkrieg in der Revolutionszeit 1918/19 drohten. Sie war sogar dazu bereit, ihre schweren Leiden aus Liebe für sie auch in der Ewigkeit zu ertragen. Das spricht für eine wirklich heroische Einstellung zum Kreuztragen als Sühne.«[102] Anna Schäffer litt nicht an der Kirche, sondern in ihr. Für sie.

Davon gibt auch ihr Brief vom 29. Januar 1919 Zeugnis: »Die innige Vereinigung mit dem lb. Jesus in der hl. Kommunion und seine getreue Nachfolge macht ja alle die gottlosen Pläne der Glaubensverfolger zuschanden und lässt sie in den Abgrund sinken. Ja, lb. Anna, noch nie habe ich in einer Zeit so viel geweint als in den letztvergangenen vier Wochen, wo es sich um die Entscheidung unsres hlgst. Gutes auf Erden, nämlich um die hl. Kirche und seine Hirten, handelte. Für die hl. Kirche und seine Hirten zu beten und zu leiden, geht mir über alles. Jedes Mal bei der hl. Kommunion bitte ich recht innig den lb. Heiland, er möchte schonen seine hl. Kirche und seine Hirten und möchte mir lieber das qualvollste Martyrium für sie senden und möchte mich als kleines Sühneopfer annehmen. Ich würde es sogar vorziehen, auch noch in der Ewigkeit drüben zu leiden, zu büßen und dem Herrn Sühne zu leisten, als dass nur die hl. Kirche im Mindesten verletzt würde. So schwer hab' ich noch kein Leiden empfunden als das der hl. Kirche.«[103]

Ferner schreibt Anna Schäffer in diesem Brief: »Ich möchte Dir sagen, weil Du mich armseliges Wesen kennst – dass ich in den schlaflosen Nächten, auch oft freiwillige Schlafentsagung, ich diese Stunden aufopferte für seine hl. Kirche und seine Hirten in Gebet und Leiden und gar manche Stunde hielt ich in der Nacht und betete mit ausgespannten Armen. Aber stetsfort sind mir schwere Tränen über die Wangen runtergerollt; aber war ja doch im Geiste dort bei dem Throne der Liebe, wo mir wieder süßer Trost nach schweren Stunden zukam. Aber freilich ist viel Sühne, Gebete und Opfer und Leiden vonnöten, um das so schwer verwundete göttl. Herz Jesu zu trösten für alle Frevel, die seinem hlgst. Herzen angetan wurden. Schließen wir uns, lb. Anna, an die frommen Seelen all', die der Heiland seine ›Getreuen‹ nennt, um mit ihnen vereint als Opfer der Sühne einzutreten und dem Herrn Ersatz und Sühne zu leisten.«[104]

***

Von Interesse ist auch Annas Brief vom März 1919. Sie schreibt ihrer vertrauten Freundin Anna Bortenhauser: »Wie viel muss aber jetzt der lb. Heiland erdulden, besonders im Sakramente der Liebe von so vielen Seelen, die ihm noch vor kurzer Zeit in treuer Liebe zugetan waren und jetzt sich so schnell vom Tugendweg abgewendet und zur großen Schar der Verblendeten übergegangen sind. Meine Augen füllen sich oft mit Tränen! Und wenn ich oft ganze Nächte schlaflos und in den größten Schmerzen daliege, so opfere ich dem lb. Jesus jedes Mal als kleinen Ersatz der Liebe und Sühne auf für alles, was Ihm die ganze Nacht hindurch von seinen Ungetreuen zugefügt wird. Lieben wir den lb. Heiland desto mehr – je mehr er von anderen verlassen wird.«[105]

Zu abgehoben, zu mystisch? Nun – die ganz nüchternen Ergebnisse der Landtagswahl waren Anna Schäffer nicht entgangen. Und über das Schicksal des Anführers der Revolutionäre, Kurt Eisner (1867–1919), der bei einem Attentat ermordet wurde, war sie ebenfalls im Bilde. »Bei der Wahl war ich nicht! In unserem Dörferl wurden bei der Landtagswahl folgende Stimmen verzeichnet: 210 Volkspartei, 42 Bauernbund u. 8 Sozi. Und bei der Reichstagswahl waren es über 16 Sozi. Keine andren Unruhen gab es hier nicht und für Kurt Eisner ist auch kein Trauergeläute vorgenommen worden. Gott sei Dank ist es hier doch noch nicht gar so schlimm, wie man es oft von andren Orten hört.«[106]

Es war ein durchaus repräsentatives Ergebnis, denn »nicht nur in Mindelstetten fielen die Wahlen zugunsten der Bayerischen Volkspartei aus. Das Landesergebnis brachte der BVP 35 %, der SPD 33 %, der Deutschen Demokratischen Partei (DDP) 14 %, dem Bauernbund über 9 %, der Nationalliberalen Mittelpartei mit der Nationalliberalen Deutschen Volkspartei der Pfalz fast 6 %, der Unabhängigen Sozialdemokratischen Partei Deutschlands (USPD) ganze 2,5 %. In manchen Stadt- und Landkreisen blieb sie weit unter 1 %.«[107]

***

Mitte April 1919 erwähnte Anna Schäffer in einem Brief eine weitere körperliche Beeinträchtigung: »Mein linker Arm ist nun seit längerer Zeit ganz empfindlos geworden, da, wenn ich mich so fest zwicke, dass ich fast mit die beiden Finger zusammenkomme, das spüre ich nicht dran u. bekomme auch keinen roten Flecken, auch mit der Nadel, wenn ich mich durchritze, das spüre ich nicht; ich kann aber den Arm an allen Gelenken bewegen u. kann auch was anfassen damit u. was halten, aber wie z. B. schreiben, das könnte ich nicht damit. […] Aber der rechte Arm geht noch gut, der muss alleweil tätig sein; gelt schreiben kann ich Dir dann doch noch oder sonst was tun, bis auch der Herr will, dass er stille ist.«[108]

Anna Schäffer nahm weiterhin Anteil am Leid anderer Menschen, wobei ihr diejenigen, die wie sie an das Bett gefesselt waren, besonders nahestanden. So erwähnte sie bei ihrer Korrespondenz eine Frau, die von Rückenmarkleiden und Knochenerweichung geplagt wurde: »Vergangene

Woche erhielt ich wieder einen Brief von einer unbekannten Leidensgefährtin aus Neuötting, die meine Adresse durch einen Hochw. Pater erhielt, der sie besuchte. [...] Ja wie sie mir ihr Leiden im Briefe schilderte, darf jene Dulderin, glaub' ich, mehr leiden als ich u. habe darum inniges Mitleid für sie u. könnte ihr oft ein Stündlein Leiden abnehmen, damit sie unterdessen ruhen könnte. Wie es eigentlich ohne Leiden wäre, das könnte ich mir gar nicht vorstellen, denn nicht einen Augenblick verlassen mich die Schmerzen, besonders auch die Rückenschmerzen nicht, u. wie muss es dann erst für jene Kranke so leidensvoll sein mit ihrem Rückenmarkleiden, ich fühle es mit für sie, dass es schwer ist!«[109] Ihre Empathie schien grenzenlos zu sein.

Besonders an den kirchlichen Feiertagen musste Anna Schäffer auch im Jahr 1919 zusätzliche Schmerzen auf sich nehmen. Was ihr dabei die größten Sorgen bereitete, waren Fragen der Disziplin. »Am Christi-Himmelfahrtstage schenkte mir der Herr einen schweren Leidenstag; besonders am Nachmittag u. die ganze Nacht hindurch. So viele Schmerzen hatte ich an meinen Wunden, sodass alle Nerven zuckten u. es mich oft ganz warf. Es war mir nun sehr leid, an diesem hl. Feste die nächtliche Anbetungsstunde nicht halten zu können, u. ich opferte mich dem lb. Heiland nun mit meinen Schmerzen auf; ich wollte ihm diese Stunde ersetzen durch schweres Leid, verbunden mit innigen Stoßgebeten, als Dank u. Liebe meinem gekreuzigten Heilande gegenüber; ganz besonders aber, um ihn in den Glutofen der Leiden zu loben u. zu preisen zu Ehre seiner hl. Himmelfahrt. Aber auch um dem lb. Jesus einigen Ersatz zu leisten für alle Sünden, womit er an diesem hl. Feste beleidigt wird. Doch kaum nahte die Mitternachtsstunde, war es nun etwas leichter u. ich konnte die Hl. Stunde halten.«[110]

Immer wieder erfuhr Anna Schäffer aber auch Gnaden, die sie stärkten. Eine dieser Gnaden ereignete sich am 16. Juni 1919 innerhalb der Fronleichnamsoktav. »Mir träumte, ich hatte ein weißes Kleid an und einen Kranz auf dem Haupte und ging so in eine große Kirche hinein, um die hl. Kommunion zu empfangen. Aber ich war barfuß. Der mittlere Gang in jener Kirche war so lang, dass ich ihn gar nicht aussehen konnte und derselbe war mit lauter Dornen bestreut, sodass ich nur mühsam vorankommen konnte. Als ich die Hälfte des Ganges durchschritten hatte, ertönte eine so liebliche und wunderbare Musik, dass ich es nicht beschreiben könnte. Und in demselben Augenblicke stand auf einmal der göttliche Heiland vor mir und lächelte. Der lb. Heiland nahm mich bei der Hand und in einem Moment war ich über alle Dornen hinweg. Er führte mich vor den Tabernakel hin, wo er dann in unaussprechlichem Glanze verschwand, und sogleich hörte auch die himmlische Musik auf. Dann kam ein Priester und ich durfte die hl. Kommunion empfangen.«[111]

War die Schönheit dieser anderen Wirklichkeit der Grund, wieso Anna Schäffer häufig betonte, am liebsten so schnell wie möglich in das »schöne Land« reisen zu dürfen, die Ewigkeit? Die traditionelle katholische Denkweise, dass diese Welt lediglich ein Jammertal ist, das es tapfer zu durchschreiten gilt, war Anna Schäffer eigenes Denken. Sie erwartete von diesem Leben keine erfüllenden »Tröstungen«, keine nachhaltigen »Freuden«, und sie wusste, dass jeder Mensch auf seinem irdischen Weg leiden muss, sogar ein unschuldiges Kind, »um nach dieser Läuterung in das Angesicht des hl. Gottes schauen zu dürfen«.[112] So nahm sie im Sommer 1919 auch bereitwillig das Opfer einer Mumpserkrankung auf sich, die damals unter den Kindern der Umgebung grassierte. Ihr ironischer Kommentar: »Mein Wunsch ist in allem: klein zu sein wie ein Kind … dann muss ich doch auch alle Kinderkrankheiten bekommen, sonst wüsste ich ja nicht, wie sie alle wären.«[113]

Wer diese Haltung als fanatisch oder lebensfeindlich brandmarkt, muss wissen, dass für Anna Schäffer die

Liebesbeziehung zu Gott durchaus Vorrang hatte vor strenger Gesetzes- und Ritualerfüllung. Was sich gut an ihrer Benutzung des Gebetbuches erkennen lässt. Häufig zog sie es vor, persönlich mit Christus zu sprechen anstelle des mechanischen Erfüllens von Gebeten. »Zur Vorbereitung u. Danksagung nach der hl. Kommunion benütze ich nicht jedes Mal das Gebetbuch, sondern recht oft mache ich meine Vorbereitung u. Danksagung nur aus dem Kopfe. O wie vieles habe ich da dem lb. Jesus zu sagen bzw. zu danken für seine große Liebe mir armer Sünderin gegenüber.«[114] Es ging ihr um die »Herzenssprache«. Und es ging ihr darum, das Leiden nicht als Strafe Gottes, sondern als Geschenk, als Gnade (»Hlst. Herz Jesu, ich danke Dir für alles Kreuz u. Leiden!!«) zu begreifen. »In den Stunden der größten Leiden ... zeigt sich unsere Seelengröße – inwieweit wir im Voranschreiten sind, in der Schule des Leidens!«[115]

Etwas konkreter wurden ihre »Reiseplanungen« Richtung Ewigkeit im August 1919. »Am Portiunculafest habe ich mein Brautkleid weihen lassen, um mich als arme Franziskanerin niederlegen zu können in die stille Grabesruhe. Ich habe das Ordensgewand schon so viele Jahre u. ist mir dies nicht eingefallen, dass es geweiht sein soll; ich hab's ja erst erfahren, dann ließ ich es aber gleich. Am Portiunculafeste trat ich seinerzeit in den 3. Orden ein u. wieder an demselben Tage ist nun mein Sterbg'wandel geweiht worden! Nun geht mir aber gar nichts mehr ab, mein Reisebündl ist nun vollends fertig!«[116]

Auch ihre Reflexionen über den Sinn und den Wert des Leidens setzten sich fort. »Wollen wir vom leidenden Heiland das Leiden lernen u. folgen wir ihm in heiliger Einfalt u. Willigkeit auf den Spuren des Kreuzweges, denn niemals können wir unser eigenes Leiden verstehen, wenn wir nicht Jesu Leiden zu betrachten u. zu verstehen gelernt haben. Denn Körper- wie Seelenleiden gibt uns Anlass, dass wir so manches verstehen lernen u. verkosten dürfen, wie schwer der göttl. Kreuzesdulder alle Leidensabstufungen erduldet hat … u. dies alles aus Liebe zu uns armen Sündern!«[117]

***

Ende August 1919 fand in Mindelstetten, woran Emmeram Ritter erinnert, die Fahnenweihe statt – und nicht nur das: Eine Delegation stattete Anna Schäffer einen Extrabesuch ab, was zeigt, welchen Prominentenstatus die Mystikerin mittlerweile in ihrer Heimat besaß. »Am vergangenen Sonntag vor 8 Tagen war hier Fahnenweihe, dazu habe ich so viele Rosen u. Schleifen gemacht, dass ich bis zum Fest selber ganz fertig war, denn wegen der vielen Erntearbeiten hatten ja viele keine Zeit dazu, dass sie's selber gemacht hätten. So ungefähr 22 Vereine waren da. Als an jenem Feste nachmittags die Vereinsfahnen wieder alle fort waren, dann sind's auch mit dem Festzug u. unserer Kriegsfahne zu mir hergezogen u. ließen mir die Kriegsfahne sehen. Die Fahnenbraut u. einige Festjungfrauen, der Fahnenjunker, 2 Vorstände u. 4 Krieger sind zu mir ins Zimmer rauf mit der Fahne u. ließen mir die Kriegsfahne sehen; u. der andre Festzug blieb derzeit unten am Hause stehen, u. die Musik musste mir ein Lied ›die Elternliebe‹ spielen, bis sie mit der Fahne wieder nunterkamen. Der H. Wachtmeister u. noch mehrere haben dies angeordnet u. wollten mir hiedurch eine Freude machen! Ich wusste es aber schon einige Tage zuvor, dass sie dies tun wollten, das scheint, muss besonders den Kindern gefallen haben, den am Montag kamen so ungefähr 20 Kinder (die ja auch Fahnenweihe spielten) zu mir herauf u. ließen mir ihre Fahne sehen!«[118]

Mitte Oktober 1919 erwähnte Anna Schäffer lobend und dankbar ihre Mutter, die bereits 66 Jahre alt war und sich ganz für sie einsetze. »Ach, meiner lb. Mutter kann ich es ja nicht verdanken, was sie mir schon unzähliges Gutes erwiesen hat. Das wird ihr gewiss einst der lb. Heiland doppelt bezahlen. Wie freut es mich aus ganzem Herzen, dass ich eine so gute liebe Mutter habe; täglich geht sie ja auch zum hl. Gastmahle u. so sind wir beide ganz glücklich, zur frühen Morgenstunde mit demjenigen vereint zu sein, vor dem die hl. Engel ihr Angesicht verhüllen. Und so teilen wir mitsammen Leid u. Freud, was sich im Laufe des Tages ereignet.«[119]

Am Rosenkranzfest 1919 erhielt Anna Schäffer Besuch von einer Frau, Anfang 60, welche sie im Frühjahr desselben Jahres kennengelernt hatte. Einen ganzen Nachmittag (»bis zum Aveläuten abends«) verbrachte sie mit dieser Frau und war begeistert. Sie spürte, dass dies eine »eucharistische Heilandsseele« sei, eine »heiligmäßige Person«, eine »Sonnenkugel«, während sie sich selbst als »Spielball für kl. Kinder« empfand.[120] In dem Brief an Anna Bortenhauser vom 19. November 1919, in dem sie von der Begegnung mit der Dame, der »Heilandsseele«, berichtet, geht sie indirekt auch auf die aufgewühlte kirchenfeindliche Stimmung in der Gesellschaft ein: »Der lb. Jesus lässt ja jetzt auch noch inmitten der Glaubenshetze große und kleine Sterne in seiner hl. Kirche erstrahlen, deren Licht sich überallhin verbreitet, damit auch andere wieder jene Wege finden, die ihnen Erstere vorangegangen sind. L. A., geht es Dir auch so wie mir? Und darfst im Innern auch so viel leiden für unsre hl. Religion? Für die Priester und die Anliegen der Kirche bete ich immer viel und halte viele Sühnungsstunden, weil sie jetzt gar so viel leiden müssen. Aber der lb. Heiland wird seinen Dienern hiefür einstens einmal jene Krone verleihen, die nur Märtyrer zu tragen gewürdigt werden!«[121]

Interessante Besuche ereigneten sich im Herbst 1919 auch in den Nächten: »Am 16. Nov. träumte mir von der Ehrw. M. Anna Josefa a Jesu Lindemayr von München! Und am 18. Nov. sah ich im Traume des lb. Jesulein in der Krippe, die Muttergottes, den hl. Joseph u. den hl. Stanislaus Kostka!«[122] Die Karmelitin aus Bayern (1657–1726) und den früh verstorbenen polnischen Jesuiten (1550–1568) verband eine schwache

Gesundheit sowie Hindernisse bei der ersehnten Ordensberufung. Dass sie bei Anna Schäffer vorbeischauten – kein Zufall.

***

Zu Beginn des Jahres 1920 trat der Versailler Friedensvertrag in Kraft. Ein umstrittenes Abkommen, das im Deutschen Reich Ressentiments gegen die Alliierten nährte und vermutlich den Boden für den unheilsamen Aufstieg Adolf Hitlers bereitete, der zu Beginn des Jahres 1920 das Programm seiner Partei, der NSDAP, in München präsentierte. Das Programm enthielt »einen rassisch motivierten aggressiven Antisemitismus, eine emotionell aufgeladene Aversion gegen den Versailler Vertrag sowie deutschnationales zentralistisches Gedankengut.«[123]

Anna Schäffer setzte sich zu Beginn des Jahres 1920 bei Pfarrer Rieger für ihren älteren Bruder Michael ein. Sie wünschte sich, dass der Bruder den Mesnerdienst in der Pfarrei übernehme, weil dies »leichter wäre, als wenn er stets ununterbrochen in seiner Schreinerarbeit, bei welcher er sein Leiden recht schmerzlich empfindet, tätig sein muss, um für den Unterhalt seiner Familie zu sorgen«.[124] Anfang Februar 1920 erinnerte sich Anna Schäffer in einem Brief an die Pfarrhaushälterin Anna Bortenhauser an ihre mystischen Erfahrungen während des Krieges. Stichwort Bilokation. Äußerer Anlass für diese Reminiszenz war die Rückkehr eines Kriegsgefangenen, der sich bei Anna für alle Briefe und Pakete bedankte, die sie ihm hatte zukommen lassen. »Wennst all die Briefe in der Luft fliegen sähest, die ich während des Krieges ins Feld und in Gefangenschaft geschrieben habe, da würdest Du eine große Zahl sehen. Im Traume war ich auf jedem Kriegsschauplatz u. habe daselbst oft große Schlachten gesehen. Einmal ward ich da auch im Traume wieder auf dem rumänischen Kriegsschauplatz u. es spielte sich da eine große Schlacht ab, sodass es von Pulverdampf, Feuer u. Rauchwolken ganz finster wurde, nur das Feuer beleuchtete die Krieger, u. da sah ich viele Bekannte; ich stand grad in der Feuerlinie u. mehr als tausend Kugeln sind durch mich durch. Unsre Soldaten lagen am Boden u. die sahen auch mich stehen u. riefen mir immer zu: ›Steh für mich vor, steh für mich vor‹, u. die Reihe war so lang, dass ich gar nicht wusste, zu welchen ich vorstehen sollte. Und sooft wieder ein Soldat rief, ›Steh für mich vor‹, in eben dem Augenblicke sind mir immer mehr als 20 Kugeln durch den Leib. Wenn eine solche Schlacht im Traume schon so hart war, wie schwer wird es dann den Kriegern in Wirklichkeit gewesen sein?«[125]

Nachdem Anna Schäffer bereits während der Fastnachtstage erkrankt war, wurde auch die Fastenzeit 1920 kein Zuckerschlecken für sie. Nüchtern hält sie fest: »Die ganze Fastenzeit 1920 war so leidensvoll, dass ich es nicht mit Worten auszusprechen vermag. Am ganzen Leibe, an allen kleinen u. großen Knochen, hatte ich so viel Schmerzen, dass es mir Tag u. Nacht schien, ich sei in ein Dornengebüsch verwickelt u. mein Leib sei mit unzähligen Dornen besetzt. Von der Fußsohle bis zum Scheitel hatte ich nicht ein Pünktlein, wo ich hätte sagen können, es sei schmerzlos; besonders in den Nächten vermehrten sich die Schmerzen noch mehr. Ich konnte da nicht einmal mehr den Kopf ein ganz klein wenig bewegen, ebenso keinen Arm, u. der untere Körper ist ja ohnedies ganz steif. In jenen Stunden brannte mein Herz so heftig nach der hl. Kommunion, dass ich mit großer Sehnsucht die Morgenstunde erwartete. Und wenn es dann 5 Uhr morgens ward, da wurde es immer ein wenig leichter u. wenn mir auch meine Mutter des Öfteren des Morgens den Kopf emporheben musste, so konnte ich doch dann nach kurzer Zeit denselben etwas bewegen; denn es war ja da immer, als wenn mir der ganze Kopf, Hals u. Oberkörper ganz steif wäre. Bis um ½ 6 Uhr war ich dann ganz fertig u. hat mir meine lb. Mutter das Bett u. alles zurechtgemacht. Hernach bereite ich mich vor auf die hl. Kommunion, welche ich in den Wintermonaten nach 7 Uhr u. in den Sommermonaten nach 6 Uhr empfangen darf. Und obwohl ich des Öfteren eine so furchtbar schmerzvolle kranke Nacht hatte, so konnte ich mich doch immer auf die hl. Kommunion vorbereiten u. konnte alles beten. Und wenn der Priester mit dem Allerheiligsten ins Haus hereintritt, fange ich immer an, das Confiteor laut zu beten, u. habe dasselbe dann über die Hälfte, bis er ins Krankenstüblein heraufkommt, u. werde stets immer fertig, bis mir der Priester den hl. Segen vor der hl. Kommunion gibt. Habe aber schon solche kranken Tage auch, an denen ich das Confiteor nicht beten kann. Aber sonst, wenn ich es beten kann u. überhaupt tagsüber reden kann, so merkt es mir niemand an, dass ich so schwere Stunden habe, u. ich bin im Herzen darüber beglückt, weil in jenen Stunden niemand von meinem schweren Leiden so viel weiß als ›Jesus‹ allein!«[126]

Doch sie wusste in dieser Zeit auch, dass es »Sühne- u. Opferseelen« wie sie sind, welche durch ihr stellvertretendes Leiden eine Art Ausgleichsfunktion übernehmen für all diejenigen, die verwirrt und »verirrt« sind durch negative äußere oder innere Einflüsse: »Wenn wir dem lb. Heiland vor dem hlgst. Sakramente u. bei der hl. Kommunion recht innig eine verirrte Seele anempfehlen u. für selbe viel beten u. opfern, so glaub' ich, dass eine solche Seele niemals verloren geht, wenn es auch manchmal scheint, dass ihre Bekehrung unmöglich ist, aber es kommt doch noch zur rechten Zeit. Denn kein Gebet u. kein Opfer ist umsonst u. der lb. Heiland lässt uns an Seinem Vertrauen an Ihn nicht zuschanden werden in Ewigkeit.«[127]

Unbeirrt war Anna Schäffers eigener theologischer Standpunkt: »Der lb. Gott schätzt eine einzige Seele, die wir Ihm – durch unsere Leiden u. Gebete, Mühsale u. Opfer – zuführen, höher als alle andren Dienste, die wir Ihm erweisen.

Und besonders empfehle ich dem lb. Heiland bei der hl. Kommunion recht innig solche Seelen. Er möge ihnen einen Strahl der Gnade schenken. Und besonders jetzt befinden wir uns in einer Heldenzeit, u. viele Martyrer werden daraus erstehen als Sieger u. Verteidiger der hl. Kirche. Ach, wie gerne, o lbst. Jesus, möchte ich als Martyrerin sterben, wenn durch meinen Tod der Glaube an Deine hlgst. Gegenwart im hlgst. Sakramente bei vielen Ungläubigen neue Wurzeln treiben u. neues Leben erzeugen würde.«[128]

Die fortgesetzten Angriffe auf die Kirche und den Glauben deutete Anna Schäffer also auch als Chance für Bekehrungen auf der Grundlage des Martyriums, dennoch erwartete sie auch ein großes göttliches Strafgericht. Eine Vorstellung, die im modernen, wenn nicht postmodernen Katholizismus unpopulär geworden ist: »Glaubst, so lange wird der Feind des Verderbens durch seine Agitatoren das Gift der Sünde u. Lostrennung des Glaubens usw. ausstreuen, bis einmal die Hand des lb. Heilandes das große massenhafte Sterben eintreten lässt u. den Menschen dann Seine Gerechtigkeit fühlen lässt. Ja, in Zeiten großer Trübsal werden dann gewiss wieder viele das Kreuz aufsuchen u. den Herrn um Hilfe anflehen. Und dann im Augenblicke des Erscheinens vor dem göttl. Richter möchten gewiss alle Sein hlst. Antlitz anflehen um einen guten Urteilsspruch.«[129]

***

Laut Emmeram H. Ritter scheint nun »bei den ekstatischen Zuständen ein auch äußerlich ganz besonders stark hervortretender Anstieg einzutreten. Es kamen Passionsekstasen zutage, die in der Karwoche an den Karfreitagen, aber auch sonst während des Jahres an bestimmten Tagen auftraten. Während dieses im Ganzen etwa zehnmaligen Miterlebens des Leidens Jesu Christi sah Anna mit starrem Blick auf ihr Ecce-Homo-Bild. Der Körper blieb dabei völlig unbewegt, aber sie litt währenddessen dieselben körperlichen Schmerzen wie der von ihr geschaute Heiland. Anschließend klagte sie immer besonders über die Schmerzen an Kopf und Herz.«[130]

Zum Osterfest 1920, das Anfang April war, sind keine Aufzeichnungen Anna Schäffers erhalten geblieben. »Nach Ostern hatte ich die gleichen schweren Tage wieder u. war recht krank u. hatte vieles Erbrechen u. bis heute, Ende April, schmerzen mich all meine Glieder noch so sehr.«[131]

Ende April 1920 erhielt Anna Schäffer dann Besuch von den Schulschwestern aus Oberdolling, die mit 33 Schülerinnen anrückten. »Die Ehrw. Fr. Oberin u. Kinder sangen mir 2 schöne Marienlieder, die mich überaus freuten. Die Ehrw. Fr. Oberin versprach es den Kindern, mich am letzten Tage des Schuljahres zu besuchen. Möge die hl. Maienkönigin die Schritte der Ehrwürdigen Schwestern u. Kinder alle auf besondere Weise segnen, die sie für mich arme Sünderin machten.«[132]

Ende Mai 1920 hatte Anna Schäffer einen bedeutungsvollen Traum: »Mir träumte von der lb. Muttergottes, sie ließ mich eine große Schar Leute sehen u. sagte: Bete, opfre, u. leide viel für diese Seelen zu ihrer Bekehrung – diese alle sollen im Herz-Jesu-Monat hinfinden zum hlgst. Herzen Jesu! Unter jenen Seelen waren Ältere u. Jüngere, Reiche u. Arme. Die lb. Muttergottes gab mir dann eine schöne weiße Rose u. verschwand!«[133]

***

Vor dem Fronleichnamsfest, am 3. Juni 1920, waren bei Anna Schäffer die Schmerzen so groß, dass sie »für ein paar Tage nicht schreiben« konnte, »da das Leiden die Oberhand hatte u. es mir unmöglich machte«, wie sie der Schwester Rosalia Rieger OSVvP (*1887) in Augsburg anvertraute.[134] »Ich habe es ja in meinem Krankenleben schon gar oftmals erfahren, dass ich zur Vorbereitung auf die hohen Festtage oder an den Festtagen selber recht krank war u. ich da besonders viel mehr leiden darf als sonst. Und das hl. Fronleichnamsfest, das Fest der Liebe u. Gnade, an dem sich uns unser himmlischer Bräutigam im hlgst. Sakramente ganz u. gar schenkte, ach – an diesem Feste, u. für Ihn allein ist jedes irdische Leiden für gering zu erachten.«[135]

Beim Fronleichnamsfest selbst (»Gestern sah ich auch die Fronleichnamsprozession vorbeiziehen!«) scheint Anna Schäffer durchaus auch an Wehmut gelitten zu haben, doch wie immer rang sie sich durch zur Ergebung: »Und ist es mir auch nicht gegönnt wie andren Jungfrauen, mit dem Kranze auf dem Haupte bei der Prozession teilzunehmen, so darf ich still verborgen im Herzen den Dornenkranz der Leiden, vereint mit den Myrtenzweigen der Abtötung, tragen.«[136]

Auch was ihre nicht in Erfüllung gegangenen Berufswünsche betraf, gelang es ihr, wenn Melancholie auftrat, diese in Ergebenheit gegenüber dem größeren Plan Gottes umzuleiten. »Und wenn ich auch mit Euch den Klosterberuf nicht ausführen kann, so kann ich auf meinem Krankenbette ein Klosterleben führen u. allen voran die Tugend des Gehorsams – der Demut – des Stillschweigens u. der Selbstbeherrschung üben – die ja besonders auch beim Kranksein so sehr vonnöten ist. Sooft ich eine Klosterfrau sehe, freut es mich so sehr – denn da erinnert mich immer mein Wunsch von Kindheit auf –, dass ich so gern eine Missionsschwester geworden wäre … Dies ward mein Wunsch immerzu, bis ich verunglückte …! Und der lb. Gott weiß – warum! Ihm sei Dank, Ehre u. Verherrlichung jeden Augenblick; – Seine Wege sind nicht unsre Wege!«[137] Allein die Tatsache, dass Anna Schäffer zwanzig Jahre nach ihrem Unfall an ihren eigentlichen tiefsten Berufungswunsch dachte, zeigt, wie stark dieser Wunsch weiterhin in ihr wirkte. Trotz all der Leidensannahme – einfach war es nicht loszulassen.

***

Und wieder starben Leute in ihrer Umgebung: junge, alte, plötzlich erkrankte oder solche, die schon länger krank waren.

Auch die Natur zeigte sich im Sommer 1920 nicht unbedingt von ihrer angenehmen Seite. Im Juli notierte Anna Schäffer: »Gegenwärtig ist auch bei uns die Viehseuche u. ist bis auf einige Häuser das ganze Dorf verseucht innerhalb 14 Tagen; auch alle umliegenden Ortschaften waren u. sind noch verseucht u. ist sehr viel Vieh gefallen; bei uns ist bis jetzt sehr wenig gefallen hingegen andrer Ortschaften.«[138]

Anfang August sah sie im Traum eine »große Schar mit weißen Kleidern u. Palmen«; es waren Jungfrauen, die aufgrund ihrer Reinheit und Unschuld Gott besonders nah seien, wie Anna Schäffer empfand.[139] Dazu bemerkte sie: »Wie oftmals gleicht das verborgene Leben einer Jungfrau einer nie gesehenen Blume – u. doch sieht es der Vater, der im Himmel ist.«[140]

Das Fest Mariä Himmelfahrt am 15. August löste in Anna Schäffer – wie gewohnt – große Freude aus. »Dieser hohe Festtag unserer lb. Himmelskönigin macht mir viele Freude u. meine innigste Sehnsucht wäre dies, dürfte ich daselbst die lb. Himmelsmutter begrüßen in der ewigen Heimat. [...] Bringen wir unserer lb. Mutter nur recht viele geist. Rosen an diesem hehren Feste u. erzeigen wir ihr unsre Liebe u. Hingabe aufs Vollkommenste.«[141]

Ende September 1920 machte sie sich Gedanken, wann endlich die Mission in der Pfarrei stattfinden würde. »Der Hochw. H. Pfarrer hat es im Mai einmal in der Predigt gesagt, dass die Mission vielleicht bis zum Rosenkranzfest sein kann. Nun wird's vielleicht später sein!«[142]

Im Oktober 1920 berichtete sie Anna Guggenthaler in Pilsting, mit der Anna Schäffer nun auch in Verbindung stand, von den üblichen Leidenserfahrungen: »Darf ja stetsfort viel leiden und habe nicht eine Minute, an der ich sagen könnte, ich hätte nichts zu leiden. Gestern war Verbindetag u. heute brennen mich die Wunden noch wie Feuer u. so ist es immerfort; jedes Mal am dritten Tag muss ich mich verbinden. Heiligstes Herz Jesu, ich danke dir für jede Leidensstunde. Und so bin ich stets glücklich und zufrieden u. umgeben von Leiden, die öftere Zeit am ganzen Körper, danke ich dem lieben Gott, dass ich doch meine Hände bewegen kann, u. kann, wenn ich grad etwas leichtere Tage habe, stricken oder schreiben.«[143]

Wie schon »des Öfteren« vergrößerte sich das Leiden vor den »hohen Festtagen«, nämlich Allerheiligen und Allerseelen – besonders in der Nacht zwischen Allerheiligen und Allerseelen, also zwischen dem 1. und 2. November, setzte ihr zu, hatte sie doch »so viel Durst, wie ich mich schon lange nicht mehr eines solchen erinnern kann; durfte aber nicht mehr trinken, da es schon Mitternacht vorbei war. O, ich litt alles gerne für die armen Seelen – die es ja so sehr dürstet, in das Angesicht des hl. Gottes schauen zu dürfen; da ist unser Leiden immer kühles Tau hingegen das der armen Seelen. Gegen 4 morgens hatte ich dann doch für ein paar Augenblicke Schlaf u. höre, was mir träumte: Der Durst wird mich auch gewiss im Schlaf verfolgt haben, weil es mir träumte, ich hatte großen, großen Durst, u. als ich vor Durst ganz matt war, stand vor mir der hl. Schutzengel u. gab mir ein Glas mit Wasser zum Trinken, u. ich hatte darüber so viele Freude.«[144] Nach der hl. Kommunion, die Anna Schäffer schon bald nach dem Erwachen empfing, war der Durst verschwunden.

Ihrer Freundin Lina Pritzl, die als Beschließerin unter anderem beim deutschen Botschafter in Paris in Diensten stand, teilte Anna Schäffer im November 1920 etwas mit, das auf die verborgenen Stigmata schließen lässt: »Mir tun immer die beiden Hände so weh, die Finger nicht u. auch nicht das Handgelenk, nur in der Mitte der Hände tut mir ein ziemlich großer Kreis so weh, u. so viele Hitzen habe ich daran, dass ich meine, es geht mir eine Glut durch u. durch. Es ist dies ja nicht alle Tage gleich u. manchmal etwas leichter, dafür dann aber wieder in andren Tagen dafür ärger; dies hab ich auch schon bald 10 Jahre u. ist halt Rheumatis. Ich habe mir schon oft gedacht, da müssen erst die Gelenk-Rheumatis-Leidenden was ausstehen, die gleich daran am ganzen Körper zu leiden haben u. können noch dazu kein Glied bewegen; aber ich kann die Hände bewegen wie jedes; u. so kann ich auch daraus schließen, dass sich das Rheumatis doch nicht so fest ansetzen konnte, weil ich immer im Bette bin. Und meine vielen Wunden lassen mich auch stets ihre Schmerzen verspüren, oft bin ich ja grad vielmehr, ich könnte sagen: in Leiden gebadet. Aber dennoch bin ich glücklich u. zufrieden u. es geht meinem lb. Mütterlein u. mir sonst recht gut.«[145]

Ende November ermunterte sie ihre Freundin Anna Bortenhauser: »Arbeiten wir nur fest mit unseren Himmelsschlüsseln, dass uns die Türe geöffnet wird, die zum ewigen Leben führt. Wie viel Du Himmelsschlüssel hast, weiß ich nicht. Ich habe drei! Der größte darunter ist von rauem Eisen u. schwerem Gewicht: Das ist mein Leiden! Der zweite ist: mein Federhalter! Der dritte ist: die Nadel! – Mit dem einen wie mit dem andren werde ich feste trachten, jenes Schloss zu öffnen, das uns sonst niemand öffnen kann – u. dazu soll jeder Augenblick ausgenützt sein.«[146]

Zwischen dem 12. und 17. Dezember 1920 empfand Anna Schäffer »Nebel« in ihrer Seele. »Alles schien mir grau u. dunkel; ich setzte große Gewalt dran u. betete bei Tag u. Nacht, solang ich wach war, u. es war immer so trübe in meinem Innern. Nach 5 Tagen träumte es mir, ich sei in einer großen Kirche, u. auch da ward alles so finster u. neblicht, ich wollte nun schon wieder gehen, da befahl ich nochmals meine finstre Seele dem Herrn, weil ich mich Ihm sonst nicht anders aufopfern konnte, u. ich hatte die Kirchentüre schon in der Hand, da ward es auf einmal so helle am Hochaltar, u. ich sah an den Altarstufen das lb. Jesulein sitzen, das lächelte so viel u. mit einem Male ward es wieder helle in meinem Innern, u. als ich erwachte, wars auch wieder hell … Dann hab ich geweint …!«[147] Kleine Stimmungsschwankungen,

Anflüge von Melancholie – nichts Ungewöhnliches im Leben von Menschen. Anna Schäffer setzte sich geistlich dagegen zur Wehr.

Als bald danach ein vierzehnjähriger Junge in Mindelstetten starb (»Ein kleiner Martyrer ... mehrere Jahre schon immer kränklich u. die letzten 2 Jahre schwer leidend«), opferte Anna Schäffer ihm die hl. Kommunion »als Andenken« auf, so wie sie es gewohnt war. »Dies tue ich für jeden, wenn von hier jemand stirbt!«[148]

Direkt vor dem Weihnachtsfest 1920 ermunterte Anna Schäffer ihre Bekannten und Freunde, nicht schwach zu werden im Glauben (»... nur dem Mutigen u. dem im Kampfe treu Bewährten wird die Siegeskrone zuteil!«)[149]. Sie selbst erlebte wie gewohnt eine Zunahme der Leiden. So schrieb sie der Schwester Oberin von Kösching von »schnaufen« und »viel Herzklopfen«, sie sei »von der Fußsohle bis zum Scheitel fest beladen mit Schmerzen«.[150] Doch sie verzagte nicht. »Alles dem lb. Jesulein zulieb! All meine stillen Seufzer u. all meine stillen Opfer, die ich schon tragen durfte, sind nur allein demjenigen bekannt, der sie mir in treuer Liebe sendet. Der Himmel ist alles wert! Für einen einzigen Augenblick in das Auge des lb. Gottes sehen dürfen, ist ein ganzes Leben lang voll Leiden zu wenig. O wie schön wäre es, das hl. Weihnachtsfest im Himmel feiern zu dürfen ... All meine Sehnsucht u. alles, was ich leiden darf, lege ich ins Kripplein zum lb. Jesulein u. möchte mit allen Leidensrosen einen Kranz winden u. damit das Christkindlein schmücken. Und meinen Vorsatz möchte ich ihm zu Füßen legen: keine Sünde mehr!«[151]

Die Weihnachtstage selbst verbrachte sie »trotz vielen Leidens in großem seligem Herzensfrieden«, danach fand sie Zeit für eine eucharistische Monatsbilanz. »Mit der hl. Kommunion am Freitag, den letzten Tag des Jahres, hab ich diesen Monat 28 x die hl. Kommunion empfangen dürfen ...! So anfangs oder Mitte der Zwanziger sind's jeden Monat.«[152]

Für das neue Jahr 1921 wünschte sie sich: »Möge nun auch das neue Jahr wieder ein Jahr der Gnade u. des Segens für uns alle werden, damit wir immer mehr unserm ›Gekreuzigten Vorbilde‹ nachfolgen u. ähnlicher werden. Im Kreuze – u. im Tabernakel finden wir das Heil u. den rechten Weg – u. kommen da immer näher zu dem Urheber all unseres Glückes – im Leben – im Leiden u. im Sterben. Vor dem hlst. Sakramente haben wir stets ein sicheres Ruheplätzchen u. finden dort Kraft u. Trost für alles Leid.«[153]

***

Der Wunsch der Kreuzesnachfolge erfüllte sich. In den Briefen, die sie Anfang März 1921 verfasste, erwähnt Anna Schäffer »Zahngeschwüre« und »Kopfschmerzen«, dazu bereitete ihr weiterhin der Rücken Probleme. »All die Jahre hindurch konnte ich mich noch niemals auf die Seite legen u. wenn mich oft der Rücken brennt wie Glut, dann denke ich mir, ich darf auf dem harten Kreuzholz Jesu jetzt leiden u. meine Sünden abbüßen«, schreibt sie der Freundin Pepi Fellner, die als Bedienstete in einem herrschaftlichen Haus arbeitete.[154] Um in einem anderen Brief zu betonen: »Oftmals zieht Er sich nur gerne von uns zurück, damit wir es sehen u. erkennen, wie schwach u. gebrechlich wir sind ohne Ihn, der das Leben, die Freude u. der Trost selbst ist. Denn in Verlassenheit u. Trockenheit können wir uns mehr verdienen, als wenn wir stets in geistlichen Tröstungen schwimmen würden.«[155]

Dass Anna Schäffer Anfang März 1921 so munter Briefe schreiben konnte, war aber keinesfalls selbstverständlich. Denn: »Und weil ich nun vor lauter Schreiben gar so müde ward (oder besser gesagt faul), so habe ich nun mit dem Schreiben einige Wochen Federhalterstillstand gehalten u. nicht mehr geschrieben, als nur was pressierte u. was unaufschiebbar war. Und seit Montag habe ich nun wieder feste angefangen, denn es gibt Stockungen u. Stauungen betreffs der vielen Briefe, die ich schuldig bin. Ist mir nun schon wieder am dritten Tage ein Finger ganz wund, wo mich der Federhalter so drückt u. halte ich ihn doch so leicht; auch der kleine Finger, der beim Schreiben so aufliegt aufs Papier, da habe ich seit gestern auch eine Blase u. ist ganz rot; am kleinen Finger habe ich noch nie was verspürt dran wegen des Schreibens. Ich glaub', das macht's, weil das Fließpapier ziemlich rau ist, u. schnell muss es gehen, u. da fegt er sich halt auch ein bisschen zu. Nun über so Kleinigkeiten kann man schnell darüber hinweggehen u. ist nicht der Mühe wert, dass man da von Schmerz redet. Aber das Rheumatis in meinen Händen brennt wie lauter Feuersglut, wie ich es Dir schon sagte.«[156]

Anna Schäffer sehnte sich nach dem Himmel, nach der Ewigkeit – sie machte gegenüber Schwester M. Tatona, einer leiblichen Schwester von Anna Bortenhauser, die als Ordensfrau in einem Krankenhaus in Pirmasens Dienst leistete, aber klar: »Auch dort möchte ich nicht einen Augenblick untätig sein u. möchte gerne, gerne leiden bis zum Ende der Zeiten, bis alle Schäflein in den großen Schafstall eingegangen sein werden.«[157] Vom Himmel aus wollte sie beten, um »so manche Seele« zu retten, auf dass sie »den Weg nach oben findet«. Die wichtige Rolle der Priester bei diesem Seelen-Rettungsdienst war ihr bewusst: »Für die Priester müssen wir aber jetzt u. auch dann das meiste beten, denn durch das Wirken heiligmäßiger Priester können viele, viele Seelen zur Vollkommenheit gelangen.«[158]

***

Dass sich die Leiden auch während der Fastenzeit 1921 verschärften, empfand Anna Schäffer mittlerweile als ganz normal. Gern willigte sie in das Leiden ein. »Peinigen mich stete u. recht oft arg auftretende Kopfschmerzen; o lbst. Jesus, dann denke ich mir, Du lasst mich mitfühlen ein Teilchen von Deiner Dornenkrönung. Peinigen fortwährende Schmerzen meinen Rücken, so danke ich Dir, o lbst. Jesus, dass Du mich ein wenig empfinden lassest Dein hartes Kreuzesbettlein. Darf ich oft am ganzen Körper etwas leiden, besonders fortwährend an meinen vielen Wunden, so danke ich Dir, mein Herr u. Gott, dass ich mir eine kleine Ahnung machen kann von der grausamen Geißlung, die Dein hlst. Leib für uns arme Sünder erdulden musste, u. leide alles gerne für Jesus allein! In den vielen schlaflosen Nächten, in denen ich besonders viel leiden darf, da kann ich betrachten das Grab u. den Kreuzestod Jesu u. möchte ausrufen: Am Kreuz, o mein lb. Heiland, möchte ich mit Dir leiden – u. am Kreuze mit Dir sterben –, wie Du es willst, ich übergebe mich Dir ganz willenlos in Deine Hände.«[159] So wie der Priester am Altar das Opfer Christi vergegenwärtigt, betrachtete Anna Schäffer ihr eigenes Leben als Opfer, als Vergegenwärtigung der Leiden Christi.

***

Am 26. April 1921, es war der Ostersonntag, hatte Anna Schäffer einen Traum, der den Bogen spannt zu einer anderen großen Mystikerin deutscher Sprache: der seligen Anna Katharina Emmerick (1774–1824), deren Visionen und Prophetien von dem Dichter Clemens Brentano (1778–1842) aufgezeichnet worden sind. In ihrem Traumheft notierte Anna Schäffer: »Ein Herr mit grauem Vollbart und zwei Frauen kamen zu mir ins Zimmer. Als ich jene drei Fremde begrüßt hatte, sagte der graue Herr, es möchten alle – und darunter auch die zwei Damen – das Zimmer verlassen, da er mit mir Wichtiges zu besprechen hätte. Und es gingen auch alle. Der Herr stand neben meinem Bette und betete nun so innig, dass ich mich an ihm so sehr erbaute. Dann sagte er: ›Ich muss Sie jetzt gründlich untersuchen, und mein Schreiber muss alles aufs Papier bringen.‹ Und ich sah auch schon einen Schreiber neben mir sitzen. Nun rieselte mir Angst durch alle Glieder, als er anfing, mich zu untersuchen. Bei den Füßen fing er an und diktierte immer dem Schreiber. Ich verstand das meiste nicht, was er sagte. Nur immer die letzten Worte verstand ich, die er oft wiederholte, als er immer sagte: ›Grad wie die Jungfer Emmerich aus Dülmen!‹ Dann betete er wieder und dann untersuchte er wieder weiter. Sagen brauchte ich ihm gar nichts.«[160] Obwohl Anna Schäffer den Traum selbst als »schwer« einstufte, konnte sie eine gewisse »Erbauung« nicht leugnen. Wie auch? Im Traum in Beziehung zu der großen Mystikerin aus Dülmen gestellt zu werden, war ein großes Zeichen.

»Zum Pfingstfest desselben Jahres wiederholte sich«, wie Emmeram H. Ritter schreibt, »ein Traum, den sie schon einige Jahre vorher gehabt hatte. Sie sah Maria mit dem Kind auf dem Arm. Beide trugen herrliche Kronen auf dem Haupt und rings um Mutter und Kind zeigte sich ein großer Kranz von weißen Rosen im grünen Laub. Dreimal wiederholte sich das Kommen und Gehen der beiden, stets an derselben Stelle, vom Fenster aus gesehen zwischen Kirche und Straße. Ein anderer Traum legte Anna das Gebet für einen schwer kranken Mann um würdigen Empfang der Sterbesakramente ans Herz zu einer Zeit, da derselbe noch gesund war. Zwei Tage später erkrankte dieser wirklich und musste sterben.«[161]

Anfang Juni 1921 scheint Pfarrer Rieger in der Kirche eine Art Kollaps erlitten zu haben, jedenfalls berichtete Anna Schäffer der Pfarrhaushälterin Elis Imlauer, die sich vorübergehend in Augsburg aufhielt, davon, dass Rieger »in der Kirche so krank wurde«; Anna Schäffer wusste, was zu tun war: »Die ganze Nacht betete ich für ihn, dass er recht bald wieder gesund werde. Der lb. Heiland weiß es, wie viel ich für ihn bete, u. kein Leiden wäre mir zu schwer für ihn. Und wenn ich mein Leben für ihn opfern dürfte, das wäre mir eine so große Freude, um es ihm nur ein wenig zu verdanken für all die vielen Schritte, die er meinetwegen schon gemacht hat.«[162]

Mitte Juli 1921 hatte Anna einen sehr tröstlichen Traum, in dem der Pfarrer auch eine Rolle spielte: »Ich bereitete mich zur hl. Kommunion vor. Und als ich mich längere Zeit zu diesem hl. Mahle bereitete, sah ich, dass es auf dem Kommuniontisch in meinem Stüblein, wo der Hochw. Herr Pfarrer die Patene mit dem Allerheiligsten immer hinstellt, so wunderbar hell wird. Ich sah nun von da weg den lb. Heiland, der ganz weiß gekleidet war, so wie man oft eine Herz-Jesu-Statue sieht, aber keinen roten Mantel, nur in blendendem Weiß und nicht zu beschreibendem Licht und Glanz war er umgeben, zu mir hergehen mit einer Patene in den Händen und reichte mir die hl. Kommunion. Als ich erwachte, klopfte mir das Herz so sehr vor Freude, und ich verbrachte dann die übrigen Nachtstunden in meinem armseligen Gebete. Heiligstes Herz Jesu, ich vertraue auf Dich!«[163]

Weniger schön hingegen war eine Vision, die Anna Schäffer am 30. Juli 1921 zuteilwurde: »Ich sah zwei Klosterfrauen. Die eine sagte: ›Es kommt eine große Hungersnot und fordert viele Menschenopfer.‹ Die andere Klosterfrau nahm mich mit und ließ mir das große Elend unter den Menschen sehen. Ich sah da, dass alles weit und breit in Trauer gehüllt war, und sah eine entsetzlich große Sterblichkeit der Menschen. Überall, wo mich die Klosterfrau hinführte, hörte man nichts anderes als Weinen und Wehklagen. Und es beteten die Leute wieder so sehr und versprachen dem lb. Gott Bekehrung und Besserung, wenn das große Sterben aufhöre. Die Klosterfrau sagte zu allen, wo wir vorbeikamen: ›Nur durch Buße und Sühne kann Jesus seine Hand wieder zurücknehmen.‹«[164]

Haben sich diese Worte nicht während des Zweiten Weltkriegs und danach bewahrheitet? In Deutschland, aber auch in den östlichen Gebieten Europas, etwa der Ukraine?

Die globale Gebetsperspektive schlug sich auch in der konkreten Kommunikation nieder. »Zu dieser Zeit empfing Anna so manchen Trostbrief, unter anderen auch von Kapuzinerpatres aus dem Kloster Wemding. Diese vermittelten ihr auch materielle Hilfe aus dem fernen Amerika. Auch der

Steyler Missionsbruder in Techny, Fr. Joachim, der sie einst in Ausübung des Schriftenapostolats besucht hatte, jetzt in Amerika als Missionar lebte und dem sie nach ihrem Tode, wie vorausgesagt, geholfen hat, ließ ihr ebenso Unterstützung zufließen.«[165]

Die eigentliche Unterstützung ging natürlich von woanders aus, wie Anna Schäffer in einer geradezu kosmischen Schau im Dezember 1921 erkannte: »Anna sah droben am Firmament die Allerheiligste Dreifaltigkeit. Von ihr gingen rings um die Erde lauter Fäden in Richtung der Menschen nieder. Auch zu ihr ging ein ganz weißer Faden und ließ sich auf ihrer Hand nieder. Die Fäden waren nicht alle gleich, manche waren von dunkler Farbe, andere von bunt bis weiß, aber es gab auch längere und kürzere. Sie endeten alle in Knäulchen, die sich immer mehr abwickelten oder aufwärts bewegten. Es handelte sich gewiss um die mit Gott verbundenen Lebensfäden. Anna befahl sofort ihre Seele Gottes Gnade und Barmherzigkeit, damit er ihren Faden an sich ziehen möge.«[166]

Dies war in ihrem Fall auch besonders nötig, weil dem Widersacher ihr gnadenvolles Wirken nicht entging. Sie wurde attackiert. »Am 21. Dezember 1921 träumte mir: Ich hatte meine rechte Hand so runterhängend an der Bettlade und es kam der böse Feind und verkratzte und verhaute meine Hand so viel. Und sooft ich die Hand hereinziehen wollte, zog er sie mir immer wieder herunter. Ich erwachte dann und hatte auch meine Hand so runterhängend. Herz, Mund und Hand sollen allzeit nur den heiligen Namen Gottes loben und preisen!«[167]

Auch am Heiligabend 1921 »band« sie »das lb. Christkind wieder fest hin ans Kreuz«, denn »da durfte ich wieder besonders viel leiden u. alle Nerven zuckten vor Schmerz«.[168]

»Das Jahr sollte aber nicht in Schmerz enden, obwohl es sich reich an Heimsuchungen gestaltet hatte. In einem Brief vom Neujahrstag 1922, der uns durch Friedrich von Lama überliefert wurde, bemerkt Anna, dass sie im Dezember eine übergroße Zahl von Briefen – vermutlich dankbare und ermutigende Weihnachtsschreiben – bekommen habe, von denen sie aber leider wegen ihres Zustandes nur wenige habe beantworten können. Außerdem wurde sie anlässlich einer Christbaumverlosung von zahlreichen Mitgliedern des Kriegervereins von Mindelstetten sehr geehrt und beschenkt. Der letzte der Burschen sagte ihr noch beim Weggehen: ›Bestell Dir fein alle Deine Zeitschriften wieder weiter, wenn s' auch teuer sind‹, und er gab ihr 600 Mark. Sie erhielt nicht nur einen reich geschmückten Christbaum, sondern auch 9000 Mark – es war ja die Zeit der Inflation –, Kaffee, Waschpulver, 80 Eier, 20 Pfund Mehl und andere nützliche Dinge.«[169]

***

Das Jahr 1922 begann für Anna Schäffer mit wenig Schlaf: »Ich habe ja so wenig Schlaf. Vom Hl. Dreikönigstag bis 16. Febr. hatte ich nur an zwei Nächten ein wenig schlafen können, die andren Nächte waren alle schlaflos. [...] Wenn man lange Zeit hintereinander gar nicht schlafen kann, da ist man ja besonders abgeschwächt. Ich bin ja dies schon gewöhnt u. ich danke dem lb. Heiland dafür, wenn ich für Ihn u. bei Ihm Wache halten darf mit meinem Geiste vor dem hlst. Throne seiner Gottheit im Tabernakel.«[170] Doch nicht nur an Schlaf bestand zu Beginn des Jahres ein gewisses Defizit, auch an Wärme. Im Rückblick fragte Anna Schäffer eine befreundete Nonne, Schwester Rosalia in Augsburg: »Hast es auch verspürt, wie kalt es im Winter war? Ich auch, aber anstatt dass mir die Kälte schadete, zog ich viele Verdienste daraus. Wie mit jedem andren Leiden, so lobte u. pries ich auch den lb. Gott in der Kälte, u. so ist mir dieser Eisbergwinter auch zu einem Trostesberg geworden u. ich wandelte gerne darauf.«[171]

Einen weiteren Trost bescherte Anna Schäffer die Tatsache, dass die Kirche von Mindelstetten endlich wieder

Glocken erhielt und ihr am 1. März 1922 ein außerordentlicher Traum geschenkt wurde: Die Gottesmutter zog ihr das Kleid einer Ordensfrau an, setzte ihr den Schleier auf und überreichte ihr eine Dornenkrone. Dann strich sie ihr über die Füße und sagte: »Diese Wunden werden sich bald schließen, dafür wirst du aber an den andern ... viel leiden dürfen bis zum Heimgang.«[172] So außergewöhnlich, nämlich durch eine Erscheinung Christi, wie Anna Schäffer auf ihren Leidensweg vorbereitet worden war, so außergewöhnlich wurde sie also auch auf ihr Hinscheiden verwiesen – von der Jungfrau Maria persönlich.

Die Umsetzung der Worte sollte nicht lange auf sich warten lassen. »Bereits in der Passionswoche dieses Jahres erlitt Anna neue Schmerzen, die im Zusammenziehen der Sehnen der Vorfüße bestanden. Dieses Leiden war bereits in den ersten Jahren nach dem Unfall aufgetreten und zeigte sich von Zeit zu Zeit.«[173] Weiter schreibt Emmeram H. Ritter: »Die Karwoche, die sie im Geiste der Kirche und ihrer eigenen von Gott besonderen Aufgabe durchlebt hatte, führte sie wieder auf den Gipfel von Golgatha. Im Traum vom Karsamstag, dem 15. April 1922, wähnte sie sich auf dem Kalvarienberg an der Stelle, wo sich Christi Kreuz befand. Sie sah aber nur noch die Öffnung im Boden. Viele Engel knieten herum auf der noch ganz nassen Erde, von der sie etwas in die Hand nahm. Es tropfte Blut heraus. Sie hatte somit ein schlichtes, aber unendlich ergreifendes Erleben in dieser Vision: die Erde getränkt und feucht vom Blut des am Kreuz verstorbenen Erlösers.«[174]

Eine wirkliche körperliche Erleichterung setzte mit dem Osterfest nicht ein, denn »vom Ostersonntag an bis zum Weißen Sonntage musste ich immer brechen, alle Nachmittage und Abende; des Morgens nicht; war auch, glaube ich, innerlich krank, weil ich so große Hitzen hatte. Diese Woche darf ich nicht mehr brechen. Von der Fußsohle bis zum Scheitel bin ich oft sehr leidend, aber auch recht glücklich.

Ich habe auf dieser Erde keinen andren Wunsch mehr als den hl. Willen Gottes und aber, dass ich ihn getreu erfülle!«[175]

***

Trotzdem kümmerte sich Anna Schäffer intensiv um ihre Mitmenschen. Auf der Rückseite eines Andachtbildchens ist eine Widmung der Mystikerin erhalten geblieben, die einer Babette Keller in München galt. »Die Vollkommenheit wird nicht erworben durch Kreuzen der Arme: – Man muss daran arbeiten, sich selbst zu beherrschen u. sich darzubringen – nicht nach den Neigungen und Leidenschaften, sondern gemäß der Vernunft, der Ordnung u. dem Gehorsam zu leben. Die Sache ist hart, das ist nicht zu leugnen – aber notwendig u. mit Gottes Hilfe leicht u. angenehm! Die Grundpfeiler meines Herzens sind: Liebe u. Vertrauen u. Hingabe an das Hochh. Herz Jesu! Zur Erinnerung im hl. Gebete an Anna Schäffer. Mindelstetten, d. 24. Sept. 1922.«[176]

Vom Herbst 1922 ist auch ein Brief Annas an Pfarrer Carl Rieger erhalten geblieben, der nicht nur seinen 60. Geburtstag, sondern auch sein 25-jähriges Dienstjubiläum in Mindelstetten beging. Anna Schäffer wusste, dass sie ihm für vieles dankbar sein konnte: »All die Jahre hindurch haben Sie mir schon 2341 x die hl. Kommunion ans Krankenbett gebracht, dies aber ebenso viele Stufen für Sie zum Himmel sind. Der hl. Schutzengel, der ja immer Ihr Begleiter ist, wenn Sie mir die hl. Kommunion überbringen, der wird Ihnen gewiss jeden Schritt und jedes Opfer aufgezeichnet haben. Auch ich sage Ihnen für jeden Schritt, den Sie für mich schon gemacht haben, tausendmal Vergelt's-Gott! Jetzt – und aber auch dann, wenn ich einmal über den lichten Sternen weilen darf, wird eine arme Sünderin recht innig für Sie beten. Habe Ihnen auch all die Jahre hindurch ⅓ von meinem

Leiden und täglich eine Gebetsstunde nach Ihrer Meinung aufgeopfert und soll dies Geltung haben bis zum letzten Atemzuge. Auch nach der hl. Kommunion bitte ich jedes Mal den lb. Heiland recht sehr, damit Er Ihnen stets Gesundheit schenke, dass Sie gesund recht viel wirken können im Weinberge der hl. Kirche.«[177]

Am Kirchweihtag des Jahres 1922 hatte Anna Schäffer einen weiteren bedeutsamen Traum. Sie träumte »von einem großen langen Weizenfeld. Am Rande desselben stand ein grauer Herr und sagte: ›Durch dieses Weizenfeld geht dein Lebensweg …‹, und er wies mir einen langen Weg an, der mit vielen Dornen bestreut war. Nun befahl er mir, ich muss auf die Weizenähren wohl merken, die sich an beiden Seiten vom Weizenfeld neigen, damit sie der Wind nicht abknickt. ›Denn zur Zeit der Ernte‹, sprach er, ›muss jede Ähre gerade stehen und wird diese Arbeit von mir gefordert.‹«[178]

Alfons M. Weigls scharfsinnige Deutung: »Sie sieht ihren Weg als Dornenweg. Die Frucht dieses Weges aber ist ein reifes Weizenfeld mit vielen kostbaren Ähren. Diese sind ein Sinnbild der Gnaden. Keine dieser Gnaden darf verloren gehen, nicht eine einzige. Jede Ähre muss gerade stehen, eine Arbeit, die von ihr gefordert wird.«[179]

***

Das Ende des Jahres 1922 war geprägt von Krankheit und Tod. Zunächst erkrankte Annas Mutter an einer »Art Kopfgrippe«, sodass zunächst die älteste Tochter der Vermieterfamilie, Marie Hartl, und schließlich Annas Schwester Kathi die doppelte Krankenstation betreuen mussten. Nach drei Wochen war die Mutter wieder bei Kräften. Ernster stand es um Annas Schwägerin, die Frau ihres ältesten Bruders Michael, die an Kehlkopftuberkulose und Speiseröhrenverengung litt und kurz nach Weihnachten verstarb. »O, während ich dies schreibe, rollen mir ja heiße Tränen über die Wangen – wie gerne wollte ich für sie leiden u. sterben u. wird sie es jetzt in der Ewigkeit erfahren, dass dies mein aufrichtigster Wunsch für sie war.«[180]

Der endgültige irdische Abschied von der Mutter löste bei der ältesten Tochter der Schwägerin eine Form von Psychose aus, die Anna Schäffer mit erstaunlicher psychologischer Genauigkeit beschreiben konnte: »10 Minuten vor ihrem Tod musste jedes Kind auf ihr Verlangen zu ihr hin u. gab jedem noch den Segen u. ein Wort der Lehre. Die Marie, die Älteste mit 15 Jahren, ging zuerst hin, u. das war dem Kind so schwer, von der Mutter Abschied zu nehmen, dass sie am ganzen Leibe zu zittern anfing, andre Leute setzten sie dann auf einen Stuhl u. hielten sie, u. so gingen alle Kinder hin u. als mein Bruder ihr das Kleinste hintut, brach ihr das Herz, ein paar dicke Tränen rollten ihr über die Wangen u. ward schon verschieden auch. Und da saß das große Mädl grad so, dass sie nochmals der Mutter ihren letzten Blick sah, u. als man sagte, sie sei gestorben, da fing das Mädl so gewaltig zu zittern an u. redete sogleich irre: Zu viert konnte man sie nicht mehr halten, dann ist sie auf den Boden hinauf u. wäre zum Fenster hinuntergesprungen. Man hat sie dann zu Bett gebracht u. kommt nun gestern u. heute noch nicht zu sich u. redet immer noch irre, bald zählt sie dann, bald lacht sie, bald weint sie, u. macht aber kein Auge auf u. weiß nicht, ob's Tag oder Nacht ist. Gestern Abend scheint's muss sie doch einen lichteren Augenblick gehabt haben, da waren halt auch mehrere drinnen u. haben sie angeschaut u. da sagte mein Bruder, jetzt kommt der Doktor zur Leichenschau, u. das muss sie vernommen haben, da sagte sie gleich drauf, ja wer ist denn dann gestorben; dann ist sie schon wieder weg gewesen. Der Doktor sagte, dies sei Nervenzerrüttung u. da kann man vorderhand nichts tun, als große Ruhe sei nötig.«[181]

Ganz ohne Freude endete das Jahr dennoch nicht für Anna Schäffer. Aufgrund ihrer Popularität bereitete man ihr eine große Überraschung, von der sie einer Freundin leicht erheitert berichtet: »Am Stephanstag abends war vom

Kriegerverein eine Christbaumverlosung u. da fiel es einigen Dorfjünglingen ein, wie es wäre, wenn sie mir auch einen Christbaum überbrächten, u. alle waren dann des gleichen Wunsches, u. es kam dann so weit, dass der betreffende Christbaum, der schon öfters versteigert wurde, für mich bestimmt wurde. Auch jeder von den Burschen wollte mir einen Geldbetrag übergeben u. sammelten untereinander, die zugegen waren; dann sagte es der Koch Martl dem H. Hauptlehrer u. dieser hielt dann eine Anrede u. sammelten dann die Burschen im ganzen Gastzimmer. So gegen ¼ 10 Uhr klopfte jemand an der Haustüre, der Hartl soll aufmachen, u. da kam als Erster der Koch Martl zu mir herauf u. sagte, das ist recht, Nandl, dass Du noch wach bist, erschrick nicht, es kommen jetzt viele, um Dir eine Freude zu machen, u. derzeit kamen sie schon alle nach; Burschen u. Männer so viel waren dabei, dass das ganze Zimmer u. der Gang voll war, u. überbrachten mir den gesammelten Geldbetrag von 9000 M. u. auch Kaffee u. Waschpulver, solche Sachen haben sie mir mitgebracht; der Herzog hielt eine Anrede, konnte aber nicht viel sprechen, denn Tränen erstickten ihm die Stimme u. in aller Augen von jedem Mann u. Burschen sah ich nichts als Tränen. Ich dankte ihnen allen aufs Herzlichste u. jeder drückte mir feste die Hand beim Abschied u. jeder sagte, Nandl, wir vergessen Dich nicht, wenn Du irgendeinen Wunsch hast, wir erfüllen ihn Dir, ist es, was es mag. […] es waren ihnen schon mehr wie hundert; mir tat der Arm weh vor lauter Grüß Gott u. B'hüt Gott sagen. Einer von den Burschen, der den Letzten machte beim Fortgehen, sagte, bestelle Dir fein alle Deine Zeitschriften wieder weiter, wenn's auch teuer sind, die bezahle ich Dir, u. übergab mir 600 M. zu denselben. Es sagten auch die Burschen, wenn Du auch schon geschlafen hättest, so hätten wir Dich geweckt, denn wir hätten mit der Freude für Dich nicht bis morgen warten können; dass sie das tun wollten, wusste ich ja nicht.«[182]

Am nächsten Tag jedoch, am »Tag der Unschuldigen Kinder«, ging die Aktion der Solidarität und Hilfe weiter: »Da haben die Burschen vormittags für mich bei Bauern im Dorf Holz gesammelt u. haben eine große Fuhr gebracht u. dann haben s' dasselbe gleich aufgetragen auf den oberen Boden, wo die Mutter das Holz immer droben hat; u. dann kamen 2 Burschen, da hatte der eine ein Körbchen voll Eier gesammelt, 80 Stück waren's, u. der andre hatte eine große Schüssel voll Mehl, das waren auch über 20 Pfund. Da waren ihrer auch wieder so viel, dass das ganze Zimmer so voll ward, dass kaum mehr einer Platz gehabt hätte, es lehnte nur einer an den andren, da waren sie auch länger als 1 Stunde da; wie sie mich anblickten, als ich mich für ihre Liebe bedankte, kannst Dir's nicht denken, u. jedem perlten die Tropfen wieder aus den Augen. Sie sagten, ich solle ja nicht sparen u. soll mir kaufen, was ich will, sie sorgen dann schon wieder für Weiteres. […] Sie sagten auch, die Mutter soll mir stets warm einheizen, dass mir ja nichts abgeht.«[183]

Pfarrer Rieger war so begeistert über den »Edelsinn« der Männer, dass er einen Zeitungsartikel lancierte, den Anna Schäffer gründlich zur Kenntnis nahm. »In der heutigen Zeitung stand es schon, in der Ingolstädter, da ist aber ein Druckfehler dabei, da steht 900 M. haben sie mir an Geld übergeben, soll aber heißen 9000 M. Im Schambachboten steht es schon recht.«[184] Im Anna-Schäffer-Haus in Mindelstetten kann man den kleinen Zeitungsartikel bewundern, der bezeugt, dass Anna Schäffer bei aller Mystik tatsächlich den Status einer lokalen Berühmtheit besaß.

6. Körperliche Qualen, Sterben und Tod (25. April 1923 bis 5. Oktober 1925)

Zu Beginn des Jahres 1923 stellte Anna Schäffer fest, dass ihre Mutter inzwischen »wieder bedeutend besser beisammen« sei, »auch das Mädl von meinem Bruder ist auch wieder ganz gut beisammen; 4 Tage hat sie halt gar nichts gewusst, u. dann musste sie schon noch ein paar Tage liegen; aber jetzt kann sie Gott sei Dank schon längst wieder arbeiten«.[1]

Anna Schäffer ging es den Umständen (»Herzklopfen«, »die großen Hitzen«, »Wunden«) entsprechend gut, sodass sie sich der geistlichen Lektüre widmen konnte. »Ich habe diese Tage viel gelesen von dem heiligmäßigen Pater Pius in Italien in einer Zeitschrift, die ich immer von Amerika erhalte, ›Tabernakel u. Fegfeuer‹ heißt dieselbe, auch das Bild jenes hochwürdigen Paters ist drinnen, er ist grad so, wie ich ihn einmal im Traume sah!«[2] Die mystische Achse Mindelstetten–San Giovanni Rotondo stand damit endgültig.

Im Januar 1923, am Tag der hl. Agnes, hatte Anna Schäffer einen Traum, dessen Inhalt sie als letzten ihrer Träume notierte: »Am 21. Januar 1923 träumte mir, mein Kopfkissen war so schön weiß und in dasselbe sind 9 Bilder vom lb. Heiland darauf abgedruckt gewesen. Das ganze Kissen war voll. Vom Christkindlein an mit der Mutter Gottes bis zum Kreuz tragenden Heiland. In der Mitte runter das Bild des lb. Heilands mit dem schweren Kreuz und der Dornenkrone. Auf diesen Bildern sah mich der lb. Heiland so mitleidsvoll an und sagte: ›Mein Kreuz diene Dir als Bett und

Ruhestätte und meine Dornenkrone diene Dir als Unterpfand für Dein Haupt für alle noch übrigen Leiden!«« [3]

Tatsächlich sollte mit dem Jahr 1923 eine Eskalation des Leidens einsetzen: Zur Lähmung der Beine gesellten sich ein Rückenmarksleiden und Mastdarmkrebs. Die »förmliche Tagesordnung« Anna Schäffers, die Pfarrer Rieger später in einem sachlich-nüchternen »Leidensbericht« (4. Februar 1929) beschrieben hat und die im Wesentlichen aus geistlicher Lektüre, Notizen, Briefapostolat, Gebet, Stricken und Sticken bestand, ließ sich in den drei letzten Lebensjahren nicht mehr aufrechterhalten.[4] Gestützt auf den ärztlichen Bericht und die Aufzeichnungen von Rosa Imlauer schreibt Emmeram H. Ritter: »Bereits in den letzten Jahren des Ersten Weltkrieges hatte sich infolge des langen Krankenlagers eine Lähmung beider Beine und eine Spitzfußstellung beider Füße entwickelt. Diese Lähmungen waren sogenannte spastische Lähmungen, d. h. die Muskeln befanden sich ständig im Spannungszustand. Dadurch wurde ihr ohnehin schweres und schmerzhaftes Leiden – ihre beiden Unterschenkel waren aufgrund des Unfalls von 1901 mit schwammigen, leicht blutenden Wucherungen überzogen, die ständig dünnflüssigen Eiter absonderten und deshalb fast täglich neu verbunden werden mussten – noch wesentlich verschlimmert. […] Zu all diesen Leiden gesellte sich 1923 noch ein neues hinzu. Ein Rückenmarksleiden, sicher auch eine Folge des langjährigen Liegens, verursachte ihr noch furchtbarere Schmerzen, als sie ohnehin zu leiden hatte. Anna äußerte sich darüber, ihr Rückgrat wölbe sich und bei jedem Atemzug meine sie, ihr Rücken werde in tausend Stücklein zerschnitten. Wenn sie dann oft, vor Qualen ganz in Schweiß gebadet, im Bett lag, stöhnte sie: ›Mein Gott, ich kann es nicht mehr aushalten‹, setzte aber dann gleich wieder hinzu: ›Alles für Dich, heiligstes Herz Jesu! Mein Jesus, ich will alles gerne leiden, nur gib mir die Kraft, dass ich alles zu Deiner Ehre tragen kann!‹ Aber das Maß der Leiden war noch immer nicht voll. Sie bekam Mastdarmkrebs. In ihren letzten Lebensjahren hatte sie auch diese qualvolle und peinliche Krankheit zu ertragen. Der Arzt konnte ihr keine Linderung verschaffen; zur Operation konnte er wegen des Allgemeinbefindens der Leidenden nicht schreiten und so gab es kein Mittel, um zu helfen. Er verordnete warme Umschläge oder warme Dämpfe. […] Wenn man sie fragte, wie es ihr gehe, so sagte sie immer: ›Mir geht es gut!‹«[5]

Etwas von der »heiteren Stimmung«, mit der Anna Schäffer gemeinhin ihr Leiden erduldete, wich, als sich bei ihr Krämpfe einstellten. »Zunächst erfassten sie nur die Arme und Hände, später auch Kopf und Hals und zuletzt noch die Füße. Die Krampfanfälle wiederholten sich an manchem Tag fünf- bis sechsmal, einmal an einem einzigen Tag und der folgenden Nacht zwölfmal. Sie stellten sich urplötzlich ein, ohne dass Anna irgendwelche Anzeichen davor empfand. Wenn sie den Krampf in Kopf und Hals hatte, schnellte es ihr das Haupt in die Höhe und immer wieder und oft hintereinander mit größter Wucht zurück in die Kissen, was gleichzeitig mit heftigen Schmerzen im Hals verbunden war. Sie pflegte dann immer zu sagen, es verdrehe ihr alles innen im Halse; sie konnte nachher nicht schlucken. Hatte sie den Krampf auch noch in den Füßen, dann warf es ihre wunden Beine, die sonst steif waren, übereinander, und zwar oberhalb der Knie. Hilfe konnte ihr dabei nicht geboten werden; man musste nur aufpassen, dass sie nicht aus dem Bett fiel. Hatte sie Krämpfe in den Armen, dann warf es diese so umher, dass sie krachten. Die Finger zogen sich dabei so stark nach innen, dass man die Faust fast gar nicht mehr zu öffnen vermochte. Mit großer Anstrengung musste man ihr dann einen Finger nach dem andern aus der geballten Faust herausziehen, was ihr zusätzlich zu den Stigmen große Schmerzen verursachte.«[6]

***

All diese Leiden standen nicht nur in einem medizinischen, sondern auch in einem religiösen Kontext. Besonders deutlich wird diese Synthese bei den »Passionsekstasen«, die Anna Schäffer unter anderem am 25. April 1923, dem Markustag, durchlitt. Sie setzten um 15 Uhr ein. Erstarrt am ganzen Körper und den Blick auf das Ecce-Homo-Bild in ihrem Zimmer gewandt, verschmolz Anna Schäffer über mehrere Stunden hinweg mit dem Leiden Christi.

Ihre Freundin Rosa Imlauer hat aufgezeichnet, was sich genau zutrug – auch die Irritation, die Anna Schäffers Zustand bei den Beteiligten zunächst auslöste: »Als wir hinaufkamen, war das ganze Zimmer voll Leute. Die Selige lag ganz bewegungslos im Bett. Den Kopf hatte sie noch tiefer liegen als den Körper; die Augen waren fast ganz geschlossen, nur mit dem ›Weißen‹ schielte sie nach dem Antlitz-Christi-Bild in ihrer Fensternische. Der Kopf war ganz steif und man konnte ihn nicht von der Stelle heben. Die Hände und Füße waren ganz kalt und die Hände, die sonst beständig zitterten, lagen ganz bewegungslos auf der Bettdecke. Wenn man sie anredete, gab sie kein Zeichen von sich, auch keinen Atemzug konnte man wahrnehmen. Man meinte wirklich, sie liege am Sterben oder sei schon gestorben. Hochw. Herr Geistl. Rat betete ihr lange Zeit Sterbegebete vor und gab ihr den Sterbeablass. Als man nach langer Zeit immer noch kein Lebenszeichen an ihr wahrnahm, sagte er zu den Leuten, sie möchten ruhig heimgehen, Anna sterbe nicht, das sei etwas anderes. Nun lag sie so da von 3 Uhr nachmittags bis nachts um 12 Uhr, ohne sich im Geringsten zu verändern. Nach 12 Uhr machte sie auf einmal einen tiefen Atemzug. Sofort fingen ihre Hände wieder an zu zittern wie sonst auch. Dann schaute sie so verwundert uns an, dann das ganze Zimmer, als wenn sie ganz fremd hier wäre und alles noch nicht gesehen hätte. Dann perlte ihr eine Träne die Wange herab. Nun war sie wieder wie sonst und auch ihre gewöhnlichen Schmerzen stellten sich wieder ein. Als man sie des anderen Tages fragte, was mit ihr geschehen war, als sie so lange mit dem Geiste abwesend war, da sagte sie: ›Der hl. Schutzengel ist gekommen und hat mich mitgenommen auf den Ölberg. Da habe ich das ganze Leiden Christi mitleiden dürfen, angefangen vom Blutschwitzen bis zur Kreuzigung; ich bin auch mitgekreuzigt worden.‹ Dann beschrieb sie die Häuser von Jerusalem, wie sie so grau seien und die Straßen so düster, und zuletzt sagte sie noch: ›Ich kann nur sagen, unser Leiden und Sterben ist gar nichts im Vergleich zu dem, was der liebe Heiland gelitten hat.‹ Als ich sie fragte, warum sie weinte, als sie wieder bei sich war, und warum sie uns so fremd anschaute, da sagte sie: ›Weil es so hart ist, wenn man von der Welt fort war und man muss wieder her!‹«[7]

Gegenüber Rosa Imlauer sagte Anna Schäffer auch: »Ich sah den lb. Heiland und er zeigte mir eine Dornenkrone und an den Spitzen ist überall ein Tropfen drangehängt. – Dann war ich mit einem Male im Ölgarten. Da sah ich den lb. Heiland beten und Blut schwitzen. Die Jünger sind weiter hinten so dort gelehnt und haben geschlafen. Ich sah auch, wie der lb. Heiland gefangen genommen wurde und wie das 1. Mal die Henkersknechte zu Boden fielen und nach kurzer Weile banden sie ihm die Hände und schleppten ihn fort. Ich sah auch, wie sie ihn vor Pilatus und vor den Hohen Rat schleppten. Ich sah, wie sie ihn wieder zu Pilatus zurückführten und wie er dann wieder herauskam, sah ich ihn mit dem schweren Kreuz beladen. Ich sah ihn leidend im Kerker. Es war so finster und so kalt und er war so verlassen. Zuerst ging er durch eine breite Straße, dann bogen sie in eine so enge Gasse ein und durch ein Tor. Vor dem Tor fiel er schmerzlich zu Boden. Dann ging der Zug auf den Kalvarienberg. Ich sah, wie der lb. Heiland an das Kreuz genagelt wurde und wie er am Kreuz verschieden ist. Ich sah, wie die hl. Magdalena von rückwärts die Füße des Heilands umklammerte. Die lb. Muttergottes und der hl. Johannes waren auch da. Ich durfte auch am Ölberge und auch am Kalvarienberge die Schmerzen überall mitleiden. Es kam mir vor, unser Tod müsse nur ein geringer Teil von dem sein, was der lb. Heiland für uns gelitten hat. Als ich so schauen durfte, dies dauerte von 4 Uhr nachmittags bis nachts 12 Uhr am 25. April 1923.«[8] Eine beeindruckende Vision, die vermutlich aber auch eine Vorbereitung auf ihr eigenes Sterben war.

Für Rosa Imlauer bedeuteten die Erlebnisse mit Anna Schäffer die Begegnung mit einer anderen Welt, zu der ihre Freundin einen direkten Zugang besaß. Sie selbst hingegen nicht. »Einmal saß ich bei ihr am Bett und hab' mit ihr gesprochen. Auf einmal hat sie keine Antwort mehr gegeben und hat ganz nach oben geschaut. Ich fragte: ›Anna, was ist, warum sagst Du nichts mehr?‹ Darauf hat sie mich an der Schulter genommen, zu sich hingezogen und gesagt: ›Rosa, schau doch hinauf! Die Muttergottes ist da mit dem Jesuskind auf dem Arm und der Rosenkranz hängt bis zu mir in das Bett hinein!‹ Ich sagte: ›Ich sehe nichts!‹ Sie antwortete darauf: ›Das musst Du doch sehen!‹ Aber ich habe nichts gesehen.«[9]

Emmeram H. Ritter weiß, dass Anna Schäffer das »Gebet und Leiden« ab 1923 »noch mehr für die in dieser Zeit so schwer gefährdete Jugend« aufopferte.[10] Ein Kapuziner in Wemding hatte sie häufig darum gebeten. »Viel von ihrem Opfer- und Sühneleben schenkte sie auch dem hl. Joseph für die Rettung der armen sterbenden Sünder entsprechend der Bitte des Franziskaners P. Hugolinus Storff in Kalifornien. Dieser hatte […] eine Vereinigung frommer Seelen gegründet, die hauptsächlich für den Weiheakt ähnlich dem heroischen Liebesakt für die armen Seelen wirkte. Der fromme Priester ließ ihr auch in der Zeit der Inflation so manche Gabe aus Amerika zukommen.«[11]

***

Für das Jahr 1924 sind wenig sichere Fakten erhalten geblieben; Emmeram H. Ritter mutmaßt, dass am Fronleichnamsfest dieses Jahres Anna Schäffer dank einer Schauung an den Feierlichkeiten teilnehmen konnte: »Als Annas pflegende Freundin, Rosa Imlauer, sie am Fronleichnamstag besuchte, erzählte sie der Kranken, wie schön es am Vormittag beim Gottesdienst und bei der Prozession gewesen sei. Da erwiderte Anna mit leuchtenden Augen: ›Ich war auch in der Kirche! Mein hl. Schutzengel führte mich hin und ich habe auch dem Gottesdienst beigewohnt. Als der Hochw. Herr Pfarrer die hl. Hostie in die Höhe hob, sah ich diese leuchten in unnennbarem Glanz und es gingen von ihr Strahlen in die ganze Welt hinaus. Die beiden Hände des Pfarrers, mit denen er das Allerheiligste hielt, leuchteten ebenso. Ich meinte, sterben zu müssen in all dem Glanz!‹ Dann bemerkte sie noch, dass sie von ihrer Mutter etwas in die Höhe gehoben wurde, als die Prozession an ihrem Hause vorbeigezogen ist. Sie sah dabei unzählige Engel, die den Heiland begleitet haben.«[12]

Viele Menschen besuchten Anna Schäffer weiterhin: »So kam eines Tages, vermutlich 1924, ein alter frommer Junggeselle aus Elsendorf/Nby., von Beruf Schneider, ebenso eine Näherin mit Namen Walburga Knöferl aus Pförring. Sie waren bei Anna zum ersten Mal zu Besuch. Die Selige war an diesem Tag besonders schwach und konnte nur mit Anstrengung leise sprechen. Von der Mutter geführt, gingen beide langsam an das Bett heran und sie bemitleideten die Kranke, die leise stöhnte. Da meinte der Besucher zur Mutter gewandt: ›Mich kennt sie nicht; ich bin noch nie da gewesen!‹ Da erhob Anna die Hände und unter Anstrengung sprach sie: ›Ja, ja, ich kenne ihn schon! Es ist der Schneider von Elsendorf!‹ Bestürzt wich dieser zurück und wagte kaum, ihr die Hand zum Gruß zu reichen. Nicht anders ging es der Näherin, die sie auch vorher noch niemals gesehen hatte.«[13]

***

Was das letzte Lebensjahr, 1925, betrifft, liegen ausgerechnet von eben jener Walburga Knöferl, die eine Bekannte von Annas Freundin Rosa Imlauer war, Eindrücke und Erlebnisse vor, welche diese 1951 dem damaligen Erzbischof Michael Buchberger berichtete. Demnach habe Anna Schäffer sie eines Tages dicht an sich herangezogen und ihr davon erzählt, dass sie drei Tage im Himmel verbracht habe.[14]

»Ich war grad' im Gebet, auf einmal war ich von der Welt entrückt. Mein Leben hing bloß mehr an einem dünnen Faden. Die Wolken zogen sich zurück, und es kam ein herrlicher Garten mit Blumen. Da durfte ich lang, lang gehen. Auf einmal kamen mir viele, viele Jungfrauen entgegen, und diese Jungfrauen machten alle Verneigungen vor mir. Ich durfte immer in der Mitte durchgehen, bis endlich ganz große und herrliche kamen, und in der Mitte kam eine ganz große, stattliche Frau, an Schönheit nicht zu schildern, auf mich zu, nahm mich bei der Hand und sagte: ›Anna, komm, jetzt werden für Dich die schwersten Tage kommen! Harre aus! Mein göttlicher Sohn wird dir alles belohnen!‹ – Was ich schauen durfte, kann ich dir nicht schildern! Die liebe Muttergottes führte mich dann weiter an einen Platz und sagte: ›Schau, hier wird deine Wohnung sein die ganze Ewigkeit durch!‹ Ich sah dann auch, wie mir der Heilige Vater in Rom den Segen erteilte, und es war mir furchtbar, als ich wieder zurück musste in die Welt!«[15]

Unbeschreiblich schön sei es im Himmel, wenn auch nicht vollkommen anders als in der Welt. So antwortete Anna Schäffer auf Nachfrage: »Ja, da gibt es auch Wiesen und Wälder, Flüsse und Berge, Wohnungen und Paläste, aber alles ist durchsichtig und vergeistigt. Hier in der Welt liegt auf allem der Fluch der Sünde!«[16]

Offenbar hat Anna Schäffer im Jahr 1925 Walburga Knöferl noch viele andere Dinge mitgeteilt: dass sie auf die äußeren Stigmata verzichtet und nur um die Schmerzen gebeten habe, dass sie nur Sühne für andere Menschen habe leisten wollen, dass sie vom Teufel so oft geschlagen worden sei, dass »fingerdicke Striemen« auf ihrem Körper zu sehen seien.[17] »Persönlich, Wally, war er da und schlug mich so. Ich frag ihn: ›Warum schlägst Du mich so?‹ Er sagte: ›Dass ich Dich nicht krieg, das weiß ich, aber andere Seelen lasst Du stehen, die gehen Dich nichts an!‹«[18]

Walburga Knöferl berichtete präzise, wie Anna Schäffer 1925 litt. »So hatte sie sich bei einem schrecklichen Krampf, in dem sie mit den Armen herumschlug, den Ellenbogen an dem nahen Fensterbrett angeschlagen; die Hände seien zusammengekrampft gewesen, sodass sich die Fingernägel ins Fleisch eindrückten, und die Füße waren umschlungen wie ein gedrehter Strick.«[19]

Dies war nicht alles. Am 12. August 1925 wurde Anna demnach vom Teufel, dem »bösen Feind«, aus dem Bett geworfen. Gestützt auf die Aufzeichnungen von Rosa Imlauer schreibt Emmeram H. Ritter: »Pfarrer Rieger wollte an diesem Tag mit dem Frühzug um fünf Uhr morgens verreisen. Deshalb hatte er am Vortag zu Anna Schäffer gesagt, er bringe ihr die hl. Kommunion bereits um vier Uhr. Annas Mutter stand darum schon vor ½ 4 Uhr auf und schaute gleich zuerst zu ihrer Tochter hin. Diese aber lag ganz unbeweglich im Bett, als wenn sie schlafen würde. Die Mutter ging wieder ganz still zu ihrem Bett zurück, um sich anzukleiden. Sie stand so da, dass sie Anna den Rücken zukehrte. Auf einmal gab es einen furchtbaren Schlag; die Mutter drehte sich erschrocken um, da lag Anna auf dem Angesicht am Boden und war ganz zusammengekrümmt wie ein Wurm und rührte sich nicht. Die Mutter holte die Hausleute und mitsammen trugen sie Anna wieder ins Bett. Sie blutete aus einer Stirnwunde oberhalb des linken Auges, genau wie der liebe Heiland, wie er auf dem Antlitz-Christi-Bild dargestellt ist. Das Sonderbare an diesem Fall aber war, dass Anna nicht an der Seite aus dem Bett herausfiel, sondern über dem Fußende der Bettstatt. Sie hätte also zuerst im Bett stehen und dann stehend über dem Fußende der Bettlade hinüber auf das Angesicht fallen müssen. Anna konnte aber auf keinem Fuß stehen, weil die Vorfüße gebrochen waren. Deshalb konnte sie auch auf natürliche Weise nicht so aus dem Bett herausfallen. Es sah gerade so aus, als wenn sie durch eine unsichtbare Macht aus dem Bett herausgeschleudert worden wäre, da sie noch ein Stück weit vom Bett entfernt lag. Wahrscheinlich hatte der böse Feind sie herausgeworfen, denn es war sein letzter Wutausbruch, mit dem er sich an Anna rächen wollte. Anna sagte selbst, dass er sie nach diesem Fall nicht mehr belästigte.«[20]

Pfarrer Rieger notierte, dass sie von nun an bis zu ihrem Tod im Reden beschränkt gewesen sei, jedoch »jeden geistlichen Zuspruch« verstanden habe.[21] Dies war nicht alles: »Der auf natürliche Weise nicht erklärbare Sturz Annas hatte auch noch eine andere Folge: Sie erlitt eine schwere Gehirnerschütterung, die ihr zusätzlich große Schmerzen bereitete und zeitweise ihr Denkvermögen beeinträchtigt hat.«[22] Rosa Imlauer meint: »Sie wusste von der Zeit an oft nicht mehr, was sie sprach. Besonders ist sie auch recht kindisch geworden und hat öfters fremde Leute mit ›Du‹ angesprochen und manchmal allerhand dahergebracht, dass man mit ihr lachen musste. Zwischendurch hat sie wieder ihren Verstand und konnte ganz vernünftig sprechen.«[23] All diese Qualen habe sie für Jesus getragen, zu seiner Ehre – Ihn bat sie um Kraft.[24]

Damit nicht genug der Leiden. »Rosa Imlauer überlieferte, dass Annas Zunge und der ganze Schlund voller Bläschen waren und der Zeuge Johann R. aus Tettenagger, Jahrgang 1895, ein wichtiger Zeuge im Informationsprozess, bestätigte, dass nach einiger Zeit nach Empfang der hl. Kommunion die Zunge hart und schwarz, wie verbrannt, aussah. Als er sie befragte, weshalb das so sei, antwortete die Selige: ›Das sind die vielen Zungensünden, unkeusche Reden und die Flüche der Menschen, für die ich sühne!‹ So vermochte

Anna auch nicht mehr zu essen und zu trinken. Die Mutter musste alle Viertelstunden ihr ein eingeweichtes Tüchlein auf den Mund legen. Wenn aber das Tüchlein nicht richtig ausgewunden war und nur einige Tropfen Wasser in den Mund gerieten, bekam die Dulderin Erstickungsanfälle. Man konnte ihr auch nur ab und zu ein Löffelchen warme Milch einflößen. Auf die aufgesprungenen Lippen legte man mit Wasser befeuchtete Gazestreifen.«[25]

Einen der letzten Briefe Anna Schäffers, den sie selbst schon nicht mehr schreiben konnte, sondern diktieren musste, erhielt ihre Freundin Lina Pritzl. In diesem Brief schreibt Anna Schäffer, dass sie der Freundin »im Gebete und Leiden« gedenke. »Gelt, jetzt kann ich nicht mehr so schreiben wie sonst. Jetzt sind die Leiden ja seit einem Jahr so viel größer geworden wie sonst. O wie würde es mich freuen, wenn ich balde zum lieben Heiland gehen dürfte. Meine größte Stärke ist die hl. Kommunion! Tausend Grüße von meiner lieben Mutter und von Deiner Dich liebenden Freundin Anna Schäffer. Gelobt sei Jesus Christus.«[26]

»Der letzte Wunsch, den die Selige acht Tage vor ihrem Heimgang gegenüber ihrer Schwester Katharina äußerte, betraf ihre für sie stets treu sorgende Mutter. Sie legte der Schwester die Bitte ans Herz, ›für die Mutter zu sorgen‹.«[27]

***

Am 4. Oktober 1925, es war der Rosenkranzsonntag, starb Maria Forchhammer, »die älteste Tochter der Hausleute Annas. Sie war in Dienst gewesen, hatte aber infolge eines Lungenleidens die Stellung aufgeben müssen und war nach Hause zurückgekehrt. Sie besuchte Anna oft und nahm sich offenbar an ihr ein Beispiel. [...] Übereinstimmend bestätigen mehrere zeitgenössische Zeugen, dass sich die beiden befreundeten Leidensgenossinnen wünschten, möglichst miteinander sterben zu dürfen. Eine Zeugin berichtet darüber: ›Ich war einmal bei Anna Schäffer, als auch Maria

Forchhammer, die Tochter des Hausherrn, bei ihr weilte. Dabei sagte Anna zu mir: ›Die Maria muss mir den Weg, die Stufen in den Himmel, vorbereiten.‹ Ich habe das so verstanden, dass zuerst Maria und dann erst Anna sterben werde.‹«[28] Genau so war es.

Als Maria Forchhammer starb, war sie 24 Jahre alt. »Sie hatte durch das Gebet und das Vorbild Annas die Kraft zur Ergebung in Gottes heiligen Willen gefunden. Auch ihre Leiden waren gewiss nicht gering gewesen: Lungen- und Kehlkopftuberkulose.«[29] Annas Reaktion auf die Todesnachricht der Freundin war kurz und prägnant: »So, so weit ist es schon mit uns zwei!«[30]

Und tatsächlich, nur einen Tag später beendete Anna Schäffer ihre irdische Reise. »Am Morgen des 5. Oktober empfing sie zum letzten Mal den Leib des Herrn, wie gewöhnlich mit größter Andacht. Ihr Seelenführer brachte Ihn in der damals noch üblichen schönen feierlichen Form, begleitet vom kleinen Ministranten Martin Forchhammer. Als er nach einer gebührenden Zeit der Danksagung zu ihr sagte, dass Maria Forchhammer gestern früh verstorben sei, antwortete Anna nur, sie werde heute auch noch sterben.«[31] Doch bis dahin sollten noch einige Stunden vergehen. »Die Sterbende befand sich tagsüber niemals allein. Ihre Mutter, ihre Schwester Katharina, andere Verwandte und Bekannte, Hausleute und Nachbarn sahen ständig nach ihr.«[32] Vormittags »bekam sie noch Besuch von einem Mädchen, das mit seiner Bäuerin nach Mindelstetten kam. Es erinnerte sich später noch an diese letzte Begegnung und gab im Informationsprozess zu Protokoll: ›Ich ging allein zu Anna Schäffer hinauf, habe ihr Weihwasser gegeben und gesagt: ›Grüß Dich Gott, Nandl!‹ Sie hat mich noch gekannt und geantwortet: ›Hedwig, Du bist es!‹ Sie hat dann mehrmals gesagt: ›O, mein Gott!‹ Ich habe mich nach fünf Minuten wieder verabschiedet.‹«[33] Mittags bat Anna Schäffer darum, man möge ihr wie stets an den Beinen die Eiterwunden verbinden.[34]

Der Autor Konrad Zoller berichtet in seiner Anna-Schäffer-Biografie, dass Anna beim Anlegen des letzten Verbandes auflachte. Warum? Einfühlsam spekuliert er in der persönlichen, poetischen Zwiesprache mit der Heiligen: »Ich glaube wohl, der heftige Schmerz des Verbindens war ein Kinderspiel gegen das, was Du sonst littest. Auch wusstest Du: Heute ist es das letzte Mal. Aber warum hast Du trotzdem das Verbinden verlangt? Wolltest Du damit zeigen, dass Du Leib und Leben nicht verloren gabst im Sterben? Ich will meine Christenpflicht bis zuletzt erfüllen auch an dem Leibe, den mir Gott gegeben hat. Verbindet sie nur, diese wehen Füße! Nun bricht der Tag der Gesundung an. Der Herr wird sie mir heil überliefern am Tage der Auferstehung der Gerechten. Und lacht doch, lacht doch nur! Dieses ist die Geburtsstunde der ewigen Freude.«[35]

Wie Pfarrer Rieger in seinem »Leidensbericht« festgehalten hat, rief man ihn um 17 Uhr »zum Sterben«. »Ich betete ihr vor, die Dulderin unverständlich mit; da hatte sie vorher noch eine Ekstase, dass ihr der Heiland die Hand entgegenhalte und sagte, dass ihr Vater und der im Kriege vermisste Bruder da seien. Ich selbst sah nur, wie sie die Hände zum Ecce-Homo-Bild an der Wand entgegenhielt; sie erwachte wieder, als ich in der Kirche den Rosenkranz für die verstorbene Tochter des Hausherrn betete; um ½ 7 Uhr besuchte ich die Dulderin wieder; sie betete sichtbar mit, wollte mehrmals etwas sagen, aber nicht mehr verständlich. Die Augen und die Hände immer der Erscheinung entgegengestreckt. Ich hielt es noch nicht für das Ende und ging mit Vertrauenstroste auf den Herrn. Als ich wegging, drehte sie sich zu mir und sah mir nach, sagen die Angehörigen. Ich war noch nicht zu Hause (nur 100 m weg), da kam die Nachricht: nur ein Zucken und die Dulderin war gestorben. Ich eilte sogleich wieder in das Sterbezimmer. Die Glückliche lag da wie im Leben, und ich glaubte zwei Tage noch, sie müsse wieder erwachen.«[36]

Wie ging es weiter? »Als Anna verschieden war, wurde der Leichnam von ihrer Mutter, den Anverwandten und ihren Freundinnen in der Stube aufgebahrt, in der sie den größten Teil ihres Lebens und Leidens zugebracht hatte. Wie die noch erhaltene Fotografie zeigt, bekleidete man sie mit dem Gewand des Dritten Ordens des hl. Franziskus, dessen Mitglied sie gewesen ist. Ihr Haupt krönte man mit einem Brautkranz aus weißen Rosen als Zeichen ihrer Jungfräulichkeit und gab ihr Kreuz und Rosenkranz in die gefalteten Hände.«[37]

Als man den Leichnam Anna Schäffers für den Sarg bereitete, stieß man auf ein Papier, das die Verstorbene stets an ihrem Herzen getragen hatte. Auf dem Blatt hatte sie folgende Sätze notiert:

»Mein lieber Gott, ich kenne meine große Unwissenheit, meine übergroße Schwachheit; ich bin mir meiner vielen großen Sünden bewusst, wodurch ich es verdient habe, von Dir verlassen zu werden, sowie der großen Gefahren, denen ich wegen meines so überaus elenden Zustandes ausgesetzt bin. Daher komme ich, werfe mich Dir zu Füßen und beteuere vor dem Himmel und vor der Erde, dass ich keinem Werke des höllischen Geistes je zustimmen will; ich erkläre vielmehr, dass ich mit der ganzen Kraft meines Willens diesem bösen Feinde widersage und nicht das Geringste mit ihm zu tun haben will. Fern sei es darum von mir, von meinem Verstand, von meinem Herzen, von meinem Leibe. Wenn Du, mein Gott, in Deinem unerforschlichen Ratschlusse zulassen willst, dass der höllische Feind an mich herantritt und mich belästigt, so erkläre und beteuere ich, keiner einzigen Handlung zustimmen zu wollen, viel weniger noch seinen schlimmen Ansichten und niederen Plänen. – Diese schriftliche Erklärung lege ich auf mein Herz, mit jedem Schlage desselben will ich sie erneuern; insbesondere möchte ich diese Beteuerung wiederholen, sooft ich die Abschrift davon an mein Herz drücke. Ich gehöre Dir an, o mein Jesus, stehe mir bei! Dieses Schriftstück habe ich gelesen und unterschrieben, zu Füßen Jesu im Allerheiligsten Sakramente. Anna Schäffer.«[38]

***

Schnell verbreitete sich die Nachricht vom Tod Anna Schäffers in Mindelstetten und Umgebung.

»Ihr Leiden und Sterben hatte auf die Menschen einen tiefen Eindruck gemacht. So ist es nicht verwunderlich, dass ein jeder sie noch einmal sehen, von ihr Abschied nehmen und ein Andenken an sie haben wollte. Übereinstimmend berichteten zeitgenössische Zeugen im Informationsprozess, dass Anna auf dem Totenbett ›sehr schön‹ anzusehen war und von ihrem Gesicht ein eigenartiges Strahlen ausging. [...] Was dachten und sprachen die Leute, als sie die Todesnachricht erfahren hatten? Einige Aussagen von Zeitgenossen liegen uns noch vor: ›Es hat allgemein geheißen, die Heilige ist gestorben‹ – ›Man hatte den Eindruck, es sei eine wirklich heiligmäßige Person in die Ewigkeit gegangen. Man hat sie weit und breit geschätzt‹ – ›Jetzt ist sie erlöst worden und jetzt ist sie da, wo sie immer hingewollt hat, im Himmel‹ – ›Wenn die nicht in den Himmel kommt, wer dann sonst!‹.«[39]

Im Sterbematrikel der Pfarrei Mindelstetten klingt der Eintrag wesentlich nüchterner, wenn er auch mit einer Pointe aufhört. Pfarrer Rieger schrieb: »›Anna Schäffer, Schreinerstochter, Mindelstetten, Jungfrau‹, gestorben an ›Rückenmarksleiden, Verbrennung der Füße, Darmkrebs, am 5. Oktober 1925, Uhr 7 ½.‹ Beerdigung am ›8. Oktober 1925 in Mindelstetten unter großer Anteilnahme, besonders der Jugend. C. Rieger, Pfarrer, 25 Jahre Zeuge der heroischen Geduld und einer gläubigfrommen Opferseele, *valde plena gratiae et gloriae* (überaus voll der Gnade und der Herrlichkeit).‹ Und mit Bleistift setzte Rieger das Wort ›sancta‹ (eine Heilige) hinzu.«[40]

»Eine Heilige« als Bleistiftnotiz – Emmeram H. Ritter hat darüber einfühlsam reflektiert: »Sicher wollte der sonst so zurückhaltende Seelenführer der Dulderin der Entscheidung der Kirche nicht vorgreifen. Vielmehr ist anzunehmen, dass er sich, tief ergriffen von der großen Anteilnahme von Gläubigen am Hinscheiden Annas, die Meinung des Volkes zu eigen gemacht hat und damit ein deutliches Zeichen setzen wollte. Die Verwendung eines Bleistifts lässt darauf schließen, dass er sich die Möglichkeit offen ließ, das Wort notfalls wieder ausradieren zu können. Aber es bleibt stehen als Dokumentation dafür, wie Rieger im innersten Herzen über die ihm von Gott anvertraute Sühneseele dachte.«[41]

7. Beerdigung und Verehrung

Die Feier des Begräbnisses am 8. Oktober 1925 zog, wie man sich denken kann, viele Menschen an.

»Es wird berichtet, dass manche Leute aus der weiteren Umgebung des Dorfes bereits in der Nacht um zwei Uhr aufgebrochen sind, um ja rechtzeitig zum Leichenbegängnis in Mindelstetten zu kommen.«[1]

Es spielten sich geradezu groteske Szenen der Verehrung ab. »Im Laufe des Morgens hatten sich vor dem Hartl-Anwesen, dem Sterbehaus, so viele Menschen versammelt, welche die Tote noch einmal sehen wollten, dass man sich genötigt sah, den offenen Sarg vor die Haustüre zu stellen. Es entstand ein furchtbares Gedränge, denn jeder wollte sie ja noch einmal sehen und von ihr ein Andenken, ›eine Reliquie‹, wie gesagt wurde, mit nach Hause zu nehmen. So riss man von dem Brautkranz die Rosen ab, versuchte von dem Drittordenskleid, mit dem die Leiche bedeckt war, ein Stücklein abzuschneiden und machte auch vor dem Abreißen des Papiers von der Auskleidung des Sarges nicht halt. Hätte schließlich die Feuerwehr nicht eingegriffen und den Sarg geschlossen, wäre wohl nicht mehr viel übrig geblieben.«[2]

Dennoch lag offensichtlich eine eigentümlich heitere und hoffnungsvolle Atmosphäre über der Feier. »Ein Zeuge, der als Ministrant dabei war, gab an, es wäre ganz anders gewesen als bei anderen Leichenbegängnissen, schon wegen der vielen Leute. ›Bei anderen Beerdigungen herrschte meistens Trauer vor, bei Anna war es eine Feier, etwas Festliches.‹ Ein anderer Teilnehmer bestätigte diese Auffassung und meinte:

›Die Beerdigung war mehr ein Jubelfest denn ein Begräbnis.‹ Ein Dritter sagte: ›Ich war selbst bei der Beerdigung dabei. Es nahmen außerordentlich viele Menschen daran teil. Schon bei der Bestattung haben manche gesagt: ›Die Anna hilft uns jetzt auch noch und betet für uns; sie ist bestimmt schon im Himmel. Wenn sie nicht in den Himmel gekommen ist, dann kommt niemand hinein.‹«[3]

Wie genau war der Ablauf der Feier? »Zunächst wurde der Sarg in die Kirche getragen, wo Pfarrer Rieger das Requiem hielt. Vier Jungfrauen durften den Sarg tragen.«[4] Dann trugen sich wieder Szenen zu wie bei der Beerdigung einer berühmten Persönlichkeit. »Die Teilnehmer am Gottesdienst waren so zahlreich, dass bei Weitem nicht alle in der Kirche Platz finden konnten, obwohl ohnehin die Schulkinder, die an diesem Tag unterrichtsfrei hatten, nicht hinein durften und draußen warten mussten. Bei der Bestattung selbst entwickelte sich auf dem Gottesacker ein solches Gedränge, dass Gräber zertreten wurden und die Situation von Teilnehmern als ›lebensgefährlich‹ eingestuft wurde.«[5]

Man sehnte sich bei der Predigt des Pfarrers sicherlich nach einer vorweggenommenen Heiligsprechung, Pfarrer Rieger vermied als nüchterner Seelsorger aber ganz bewusst jede Euphorie und Verstiegenheit. »Er beschränkte sich in seiner Predigt auf die Schilderung der vielen Gnadenerweise Gottes im Leben der Dulderin und deutete nur an, wie groß sie sich in Kreuz und Leid gezeigt hatte. Dann rief er den erwartungsvoll Lauschenden zu: ›Was soll ich an diesem Grabe sagen? Ich muss fragen, was darf ich an solcher Ruhestätte nicht sagen, da viele hören möchten, was nur mit kirchlicher Entscheidung die Zukunft zeigen kann. Was ich als Selbstzeuge verkünden kann, das wird uns allen ein Himmelstrost sein, allen eine Mahnung, so zu leben, dass wir wie die Verstorbene in Gott sterben und in des Heilands Nähe glücklich sein können. […] Die Angehörigen, Wohltäter, die Bekannten der Verstorbenen, die des Gebetes und

Opfers so bedürftigen gläubigen Seelen wollen vertrauen, dass sie uns alle nicht vergisst in der Freude des Dulderlohnes ihrer Opferseele.‹«[6]

Schließlich begann die Zurichtung des Grabes. »Nachdem an diesem denkwürdigen Tag der letzte Teilnehmer an der Beerdigung den Gottesacker verlassen hatte, wurde in aller Eile und Verborgenheit das Grab Annas ausgemauert und über die Grabnische dicke Bretter gelegt.«[7]

Ein Grabstein im bayerischen Stil wurde errichtet. Eine Tafel mit dem Gebet »Mein Jesus Barmherzigkeit« wurde installiert, darunter konnte man die Inschrift lesen »Hier ruht in Gott die tugendsame Jungfrau Anna Schäffer von hier. 1882–1925.« Hinzugefügt wurde ein Christusmonogramm.[8]

Auch in den lokalen Zeitungen wurde das Ereignis erwähnt. Mehr oder weniger ausführlich. »Die Anteilnahme am Heimgang Annas kam jedoch nicht nur in der Presse zum Ausdruck, sondern auch in einer Reihe von bemerkenswerten Kondolenzschreiben, die zumeist an Pfarrer Rieger gerichtet waren, da die Verehrer Annas wussten, dass er jahrelang der Seelenführer der Dulderin war.«[9]

Ein Kapuzinerpater aus Eichstätt, der Anna dank eines Vertretungsdienstes in der Pfarrei noch persönlich kennengelernt hatte, sandte Beileidsgrüße und hoffte, eines Tages mehr Informationen zu ihrem Hinscheiden zu erhalten. Ein Geistlicher aus Oberschneiding, der später in Regensburg Karriere machte, meldete sich in Verbundenheit mit der »stillen Dulderin«. Auch Sigismund Felix Freiherr von Ow-Felldorf (1855–1936), dem damalige Bischof von Passau, der Anna zu Beginn des Jahrhunderts besucht hatte, war die »gottbegnadete Dulderin« in seinem Schreiben an Pfarrer Rieger eine Erwähnung wert – und viele mehr: Der Konvent der Klarissen in Viehausen, der Fürsterzbischof von Salzburg, Geistliche aus Amerika, sogar ein Mitglied des bayerischen Königshauses ließen es sich – neben ganz normalen Katholiken – nicht nehmen, Pfarrer Rieger ihr Interesse und ihre Anteilnahme am Leben und Sterben der Mystikerin mitzuteilen.[10]

***

Anfang 1926 war Pfarrer Rieger so weit, den Bericht über das Leben und Leiden seines berühmten Pfarrkindes zu verfassen, den »Leidensbericht«, in dem ihr Werdegang ganz nüchtern geschildert wird, ohne dabei ein kirchliches Urteil vorwegzunehmen.[11] Ein Scheyrer Benediktiner namens P. Stephan Kainz, der in Ettal im Schuldienst wirkte, ließ Abzüge von dem Bericht machen und reiste selbst nach Mindelstetten. Pfarrer Rieger vertraute dem Pater Anna Schäffers »Traumbuch« an, dessen Inhalt dem Pater für Artikel diente, die im Herbst 1926 in der Zeitschrift »Monatsrosen« veröffentlicht wurden. Es war der Startschuss für viele weitere Artikel und Aufsätze, welche die Verehrung Anna Schäffers weiter beförderten, zumal Pfarrer Riegers Bericht in Kreisen der frommen einflussreichen Personen zirkulierte. Da auch die Nachfrage nach Andenken und Reliquien von Anna Schäffer nicht zurückging, ließ Pfarrer Rieger »Bildchen von Anna nach einer Fotografie, die die Opferseele aufgerichtet auf ihrem Lager zeigt und die noch vorhanden ist, in der Missionsdruckerei der Steyler Missionsgesellschaft im rheinländischen Steyl bei Kaldenkirchen herstellen«.[12]

Schon 1930 veröffentlichte der bekannte katholische Buchautor Friedrich Ritter von Lama, der kurz zuvor ein Werk über die stigmatisierte Therese Neumann von Konnersreuth publiziert hatte, ein Buch, die »erste Biografie in Buchform« (Emmeram H. Ritter), über die »Schreiner Nandl«. Der Buchtitel lautete: »Anna Schäfer aus Mindelstetten. Eine unbekannte Stigmatisierte aus unserer Zeit«. Zwei Jahre später veröffentlichte Ritter von Lama in der *Allgemeinen Rundschau* den Artikel »Eine bayerische Vorgängerin von Therese Neumann aus unserer Zeit«, in dem er die berühmte Stigmatisierte von

Konnersreuth wie folgt zitierte: »Anna Schäffer ist gleich nach dem Tode in den Himmel gekommen. Sie hat die Wundmale gehabt, aber den Heiland gebeten, es solle nicht öffentlich werden. Und Er hat es nicht gewollt. Aber jetzt will auch der liebe Heiland, dass es in die Öffentlichkeit komme; man soll Zuflucht zu ihrer Fürbitte nehmen.«[13]

So geschah es. Die Zahl der Artikel über Anna Schäffer in kirchlichen Medien nahm kontinuierlich zu. Ebenso wuchs weiterhin die Verehrung durch die Gläubigen. Bis zu seinem Tod im Jahr 1934 antwortete Pfarrer Rieger pflichtbewusst auf zahlreiche Anfragen und Bitten bezüglich Anna Schäffers, die ihn aus allen Himmelsrichtungen erreichten. Er versandte Texte, Bildchen und Reliquien. So war es nur eine Frage der Zeit, bis man auch im Ordinariat des Bistums Regensburg, zu dem Mindelstetten zählt, den Fall interessiert zur Kenntnis nahm. Handelte es sich bei Anna Schäffer um eine Selige oder gar um eine Heilige?

An eine vertiefte Antwort war während der Zeit des Nationalsozialismus nicht zu denken. Ein neuer Pfarrer, Karl Michael Holzgartner (1879–1961), leitete die Geschicke der Pfarrei in Mindelstetten. Briefe sind aus dieser Zeit kaum erhalten, doch die Verehrung Annas ging im Stillen weiter. Hin und wieder pilgerten Einzelne und Gruppen zu ihrem Grab. Besonders der 26. Juli, der Tag der hl. Anna, diente in Mindelstetten ihrem besonderen Andenken. Nach dem Krieg zeigten sich, wie Emmeram H. Ritter schreibt, »konkrete Bemühungen um einen Seligsprechungsprozess für Anna Schäffer«.[14]

Eine neue Dynamik bekam die Verehrung durch eine zweite Anna-Schäffer-Biografie, verfasst von dem Priester-Dichter Konrad Zoller. Im Frühjahr 1949 erschien aus dessen Feder »Leben und Leiden der Jungfrau Anna Schäffer von Mindelstetten. Eine Wallfahrt«. Ein Werk, das der Dichter Hans Carossa mit großem Lob bedachte. »Zoller, fest überzeugt von der Bedeutung des beispielgebenden Lebens und

Sühneleidens Annas für die Zeit nach dem Zweiten Weltkrieg, hat sich immer und überall für die große Dulderin eingesetzt.«[15] Zoller wurde Anfang der 1950er-Jahre auch Zeuge einer Heilung, die er Anna Schäffers Intervention zuschrieb: »Neulich hatte ich auf der Filiale ein Mädchen infolge der 1. Impfung mit Gehirnhautentzündung (wenigstens im Anzug), schweres Fieber. Ich betete den Kinderkrankensegen, legte eine Reliquie A. Sch. auf den Kopf. Schon am nächsten Tag erfuhr ich, das Kind sei alsbald fieberfrei gewesen, habe die ganze Nacht gut geschlafen und sei am Morgen ganz munter gewesen. Jetzt ist es wieder ganz gesund.«[16]

Bekannte und Verehrer Anna Schäffers hatten Rosa Imlauer, einer ihrer besten Freundinnen, derweil deutlich gemacht, wie wichtig die Sammlung und Weiterleitung des ihr zugänglichen Materials an die Verantwortlichen der Diözese Regensburg sei. Im Sommer 1951 schickte Imlauer das schriftliche Material zu Erzbischof Michael Buchberger (1874–1961), dem damaligen Bischof von Regensburg, und teilte ihm mit: »In meinem Besitze ist noch das kleine Kommuniontüchlein, das die lb. Kranke jeden Tag bei der hl. Kommunion in Gebrauch hatte. Es ist noch genau so, wie sie es das letzte Mal benützte. Auch das Missale und ein Gebetbüchlein zu Ehren des hl. Joseph, das sie einmal aus Amerika geschenkt bekam; ein kleines Stückchen von ihrem Haar; ein Stückchen von ihrem Sterbehemd und ein Röslein aus dem Kranz, den man ihr auf den Schleier setzte. Auch einige beschriebene Bildchen und Gebetszettel habe ich noch.«[17] Der Erzbischof selbst, das wusste Rosa Imlauer, hatte bereits die Hilfe Anna Schäffers in »schwerer Krankheit« erfahren.

Rosa Imlauer sandte dem Erzbischof, der sich danach sehnte, dass Anna Schäffer eines Tages »in die Schar der Seligen« aufgenommen würde, auch Annas Gedichtheft »Rosenknöspchen«.[18]

Als ein Pfarrer aus Niederbayern gegenüber dem Erzbischof Zweifel an der Authentizität der Stigmata von Anna Schäffer bekundete, erläuterte Rosa Imlauer ausführlich ihre Erfahrungen mit der Mystikerin: »Die Narben an den Vorfüßen (Male wie ein vernarbter Nagelkopf) habe ich auch erst gesehen, als die Kranke mich darauf aufmerksam machte und sagte, ich soll ihre Füße anschauen. Ich hatte sie vorher schon über 2 Jahre verbunden gehabt und nichts bemerkt. Erst als ich Anna damals so plötzlich gefragt habe, ob sie die Wundmale habe, und Anna so furchtbar erschrocken ist, hat sie mir, nachdem sie sich von ihrer Bestürzung erholt hatte, erzählt, wie sie dieselben bekommen habe. Mir sind nur immer ihre schmalen, zarten Hände aufgefallen, die immer glühend heiß waren und an den Innenflächen so kleine Vertiefungen hatten, dass man meinte, die Sehnen seien nur so darüber gespannt. Und weil Anna öfters meine Hände nahm, sie gegen ihre Handflächen drückte und so rührend klagte: ›Rosa, meine Hände, meine Füße! – Die Schmerzen, die ich an den Händen und an den Vorfüßen habe, sind noch viel, viel größer als meine Wunden!‹ Da stieg in mir auf einmal der Gedanke auf, ob Anna vielleicht gar die Wundmale des lb. Heilandes habe. Ich getraute mich aber nie, mit jemandem darüber zu sprechen, und als ich dann die lb. Kranke eines Tages so plötzlich darüber befragte, bin ich selbst über mich erschrocken. [...] Ich musste ihr versprechen, niemandem etwas davon zu erzählen.«[19] Wie ernst Rosa Imlauer ihre Aussage nahm, sieht man auch daran, dass sie diese beim Informativprozess zur Seligsprechung unter Eid bestätigt hat.[20] Erzbischof Buchberger hat die Seligsprechung Anna Schäffers nicht mehr persönlich miterleben können, doch hat er, – laut Ritter – »voll und ganz überzeugt von der großen Dulderin, alle notwendigen Schritte zur Einleitung des Verfahrens vorbereitet«.[21]

1966 erschien eine weitere Biografie »Geschichte einer Liebe. Leiden und Lieben der stigmatisierten Anna Schäffer, einer Vorgängerin von Therese Neumann«, verfasst von dem niederbayerischen Geistlichen Alfons M. Weigl. »Zahlreiche Gläubige aus Frankreich oder CSSR, Österreich und Westdeutschland« wandten sich – laut Ritter – aufgrund dieses Buches »mit der Bitte um Eröffnung des Seligsprechungsverfahrens für Anna Schäffer« an den Nachfolger von Erzbischof Buchberger in Regensburg, Bischof Rudolf Graber (1903–1992).[22]

8. Umbettung der Gebeine und Eröffnung des Seligsprechungsprozesses (1976)

Bischof Rudolf Graber, der Anna Schäffer ebenso wie sein Vorgänger persönlich verehrte, war es, der ihre Gebeine im Juli 1972 in eine Seitenkapelle der Pfarrkirche in Mindelstetten übertragen ließ. »Am Nachmittag des 25. Juli um vier Uhr öffnete der Totengräber das Grab und stieß auf die ummauerte und abgedeckte Nische, in der die Gebeine seit 1946 ruhten. Was sich von den sterblichen Überresten Annas noch fand, war Folgendes: Schädel mit Oberkiefer, getrennt davon der Unterkiefer ohne Zähne, Schulterblatt, Oberarmknochen, Fingerknöchel, Beckenbeinreste, Beckenschaufel, Oberschenkelknochen, Unterschenkelknochen, Wadenbein, Mittelfußknochen und einzelne Teile von Wirbeln. Außerdem befanden sich in der Grabkammer kleinste Restteilchen eines Rosenkranzes, eines Myrtenstraußes, ganz vermoderte Teilchen des hölzernen Sterbekreuzes und stark alterierte Sargnägel. Die Gebeine wurden hierauf unmittelbar in einem Zinksarg, ausgelegt mit Perresta-Platten, in weiße Leinwand geborgen und vom Spengler verlötet. Der Zinksarg wurde dann in einen neuen Eichensarg gebettet, der in der Kirche aufgestellt wurde. Am Abend des 25. Juli feierte man das hl. Messopfer zur Einstimmung der Gläubigen. [...] Am nächsten Tag um 19 Uhr fand dann die feierliche Übertragung der Gebeine in die für sie ausgehobene Gruft vor dem rechten Seitenaltar in der Pfarrkirche statt.«[1]

Auch publizistisch kamen die Dinge neu in Bewegung. »Gegen Ende des Jahres 1972 schrieb der bekannte Kirchengeschichtsprofessor Dr. Georg Schwaiger von der Universität in München, der das Leben, Leiden und den Heimgang Annas in sein dreibändiges Werk ›Bavaria Sancta‹ aufgenommen hatte, um das ›Imprimatur‹ (die kirchliche Druckerlaubnis) für einen Sonderdruck, ergänzt durch einen kurzen Bericht über die Translatio am 24./26. Juli. […] Zu Beginn des Jahres 1973 häuften sich die Ansuchen bzw. Bitten um die Eröffnung des Seligsprechungsprozesses.«[2]

Schließlich leitete Bischof Graber am 10. März 1973 den Seligsprechungsprozess für Anna Schäffer auf der Diözesanebene ein. Dieser sogenannte Informationsprozess endete im April 1977.

Wie sollte es nun weitergehen? »Die Suche nach einer Persönlichkeit für das wichtige Amt des Postulators für den Römischen Prozess erwies sich in den kommenden Monaten als überaus schwierig. Dieser muss nämlich seinen festen Sitz in Rom haben und selbstverständlich kirchenrechtlich gut Bescheid wissen. Nach längeren Bemühungen und zwei Absagen gelang es Bischof Graber im Sommer 1978, den in Rom und Paderborn lehrenden Professor für Kirchenrecht, Dr. Dr. Winfried Schulz, zu gewinnen. […] Mit drei Schreiben vom 4. Dezember 1978 stimmte der Präfekt der Kongregation, Kardinal Corrado Bafile, der Eröffnung des Römischen Prozesses zu.«[3] Damit war der Fall Anna Schäffer erfolgreich von der Diözesanebene auf die römische Ebene verlegt worden.

***

Ein Jahr vor ihrem hundertsten Geburtstag, am 18. Februar 1982, entschloss sich Emmeram H. Ritter, der als Leiter der Abteilung Selig- und Heiligsprechungsverfahren in der Diözese Regensburg den Prozess der Seligsprechung Anna Schäffers begleitet hat, anknüpfend an ihr Briefapostolat, zweimal jährlich die »Anna-Schäffer-Briefe« zu veröffentlichen, die mittlerweile in einer Auflage von 15 000 Stück erscheinen.[4] »Dadurch wurden die Tausende von Verehrern mit den wichtigsten Mitteilungen über den Seligsprechungsprozess erreicht, mit den Predigten an den Anna-Tagen in Mindelstetten versorgt und – nicht zuletzt – erfahren sie die zahlreichen Gebetserhörungen sowie Stellungnahmen zu aktuellen Themen auf dem Gebiet der Seligen- und Heiligenverehrung.«[5] Die schon bald nach ihrem Tod einsetzende Tradition, den 26. Juli, den Tag der hl. Anna, als dem Gebet und der Sühne gewidmeten Tag der Anna Schäffer in Mindelstetten zu begehen, setzte sich dadurch noch gezielter fort. Bis heute wird der 26. Juli in Mindelstetten feierlich begangen. Dabei spielt eine Andacht mit Auflegung von Anna-Schäffer-Reliquien eine besondere Rolle, die von der mittlerweile existierenden Anna-Schäffer-Bruderschaft gestaltet wird. Diese Bruderschaft möchte auf Grundlage der Anbetung des Allerheiligsten Sakraments des Altares und dem (Gebets-)Dienst für Kranke »das geistliche Erbe der heiligen Anna Schäffer lebendig erhalten und der Stärkung und Festigung des katholischen Glaubens dienen«.[6]

9. Verleihung des heroischen Tugendgrades (11. Juli 1995), Seligsprechung durch Johannes Paul II. (7. März 1999) und Heiligsprechung durch Benedikt XVI. (21. Oktober 2012)

Obwohl, wie man weiß, Johannes Paul II. ein Förderer von Selig- und Heiligsprechungsprozessen war, und »der bayerische Kurienkardinal Dr. Joseph Ratzinger, seit Anfang 1983 Präfekt der Glaubenskongregation, von Papst Johannes Paul II. am 30. April 1984 zum Mitglied der *Congregatio pro Causis Sanctorum ernannt*« wurde, mussten doch einige Prozessjahre bis zur Verleihung des Tugendgrades vergehen.[1] Was eigentlich ein gutes Zeichen ist, mögen Gründlichkeit und Langsamkeit allgemein auch etwas aus der Mode gekommen sein. Gut, wenn es in der Kirche anders ist.

Am 11. Juli 1995 – der Bischof von Regensburg hieß inzwischen Manfred Müller (1926–2015), Bischof Gruber war 1982 verstorben – verlieh Johannes Paul II. Anna Schäffer den heroischen Tugendgrad. In dem dazugehörigen Dekret heißt es: »Es besteht Klarheit über die theologischen Tugenden Glaube, Hoffnung und Liebe sowohl gegen Gott als auch gegen den Nächsten, sowie über die Kardinaltugenden Klugheit, Gerechtigkeit, Mäßigkeit und Tapferkeit und die mit ihnen im Zusammenhang stehenden Tugenden in heroischem Grade bei der Dienerin Gottes, der Jungfrau Anna Schäffer, im vorliegenden Falle und mit der vorgesehenen Wirkung.«[2]

Schon bald danach erreichten Ritter »mehrere Briefe, die Gebetserhörungen auf die Fürsprache Annas zum Inhalt hatten und von den Angehörigen als Wunder bezeichnet wurden. Allein die ärztlichen Gutachten konnten nicht beigebracht werden, da sich die behandelnden Ärzte auf den medizinischen Fortschritt und ihr Wissen und Können beriefen.«[3] Ritter sandte die Zeugnisse weiter nach Rom, doch es war aus Sicht des Postulators und Generalrelators kein Fall darunter, der das Wunder-Kriterium erfüllte.

Im Dezember 1997 schließlich behandelte die Consulta Medica der *Congregatio de Causis Sanctorum*, wie Ritter berichtet, eine außergewöhnliche Heilung, die sich im Jahr 1985 in Oberösterreich zugetragen haben soll.[4] Demnach erfuhr ein junger Mann, Ministrant und aus einfachen Familienverhältnissen kommend, nach einem »schweren Unfall eine ungewöhnliche Heilung«.[5] Hier soll »es sich um eine Gebetserhörung unter Anrufung der Dienerin Gottes Anna Schäffer gehandelt haben«.[6]

»Da diese Heilung laut Resultat der medizinischen Fachgelehrten in Rom wissenschaftlich in keiner Weise erklärbar ist, wurde sie demzufolge einstimmig offiziell als Wunder anerkannt.«[7]

Der junge Mann konnte sich leider nicht mitfreuen, da er – wie Emmeram H. Ritter ermittelte – »im März 1995 einem Unglücksfall zum Opfer gefallen« war.[8]

»Ein bedeutender Tag für die Causa Anna Schäffer war die Promulgation des Wunderdekretes am 3. Juli 1998 in der Sala Clementina im Vatikan. Mit dieser feierlichen Promulgation [...] war die letzte Hürde im Verfahren des Seligsprechungsprozesses genommen. Das Wunder fand durch die höchste kirchliche Autorität seine offizielle Anerkennung.«[9]

Nachdem zunächst ein Termin im Jahr 1998 ins Auge gefasst worden war, legte man den 7. März 1999 als Termin für die Seligsprechung fest.

Doch vorher stand in Mindelstetten eine wichtige Veränderung an: »Zur Vorbereitung der Seligsprechung wurde am 30. Januar 1999 die Gruft in der rechten Seitenkapelle der sogenannten ›alten Kirche‹ von Mindelstetten geöffnet, um die sterblichen Überreste Annas in die vorbereitete neue Andachtsstätte in der Mitte des Gotteshauses zu übertragen. Auch die erforderlichen Reliquien sollten dem Sarg entnommen werden, damit diese in einem kostbaren Behälter dem Heiligen Vater bei der am 7. März 1999 in Rom stattfindenden Seligsprechung überreicht werden konnten. Nach den Vorschriften des Kirchenrechtes fanden sich der Regensburger Bischof Manfred Müller, Weihbischof Dompropst Vinzenz Guggenberger, Generalvikar Prälat Dr. Wilhelm Gegenfurtner als Glaubensanwalt, Domkapitular Offizial Dr. Max Hopfner als Notar, Msgr. Dr. Josef Ammer, damals noch Domvikar, Domvikar Georg Schwager als Leiter der Abteilung für Heilig- und Seligsprechungsprozesse für das Bistum Regensburg und Prof. Dr. Johannes Dobroschke vom Krankenhaus der Barmherzigen Brüder in Regensburg als Arzt sowie selbstverständlich der Ortspfarrer, Johann Bauer, die zum Teil vorher vereidigt worden waren, im Gotteshaus ein.

Nach der Öffnung des Zinksarges wurden vom Arzt die Gebeine Annas auf einem Tisch geordnet und bestimmt. Es erwies sich, dass alle 1972 bereits in die zweite Grabstätte übertragenen Knochenteile unversehrt erhalten geblieben sind. Nach Entnahme der für den Papst, für Persönlichkeiten, die mit dem Seligsprechungsverfahren befasst waren, und nicht zuletzt für ein besonders schönes Reliquiar, das in Hinkunft in Mindelstetten den Verehrern Annas gezeigt und auferlegt werden sollte, bestimmten Reliquien wurden die übrigen sterblichen Überreste in einen neuen Sarg gebettet und dieser in die neu errichtete Gruft im Mittelgang der

Kirche gelegt. Sie wurde mit einer hervorgehobenen Grabplatte aus weißem italienischem Marmor überdeckt. Ein tief in den Stein eingeschnittenes Kreuz symbolisiert das Leiden Anna Schäffers. Die schöne Grabplatte ist das Werk des bekannten Bildhauers Alfred Böschl aus Adlhausen bei Kelheim/Niederbayern, der von Bischof Müller beauftragt worden war.«[10]

Mit diesem dritten Grab erfüllte sich, was Anna Schäffer bereits 1920 in prophetischer Schau gesehen hatte: Das Geheimnis der drei Gräber, von dem Pfarrer Alfons M. Weigl so berichtet: »Es war am 27. Februar des Jahres 1920, da ›träumte‹ Anna Schäffer von einem Friedhof, aber sie konnte gar nicht richtig erkennen, ob es der von Mindelstetten war. (Infolge des Umbaues der Pfarrkirche erhielt die Kirche später eine andere Lage, wodurch auch der Friedhof eine Veränderung erfuhr.) Anna fährt fort: ›Als ich durch ein paar Gräberreihen gegangen war, sah ich neben dem Missionskreuz, an dem ich gerade vorbeiging, eine Frau stehen. Die sagte zu mir, ich solle mit ihr gehen. Nun führte sie mich an ein offenes Grab hin, das ganz voll von frischen Vergissmeinnichten war. Da sagte sie: ›Dieses wird dein Grab sein.‹ Dann hieß mich jene Frau weitergehen und führte mich in die Kirche hinein. Da war links von der Kommunionbank neben der Sakristei ein frisch gegrabenes Grab. Dieses war mit lauter blutroten Rosen bedeckt. Dann sagte diese Frau wieder: ›Dieses wird dein Grab sein!‹ – Nun nahm sie mich bei der Hand und führte mich in die Kirche zurück auf die rechte Seite hin. Da war etwas wie eine Nische, so ähnlich wie eine Grotte mit lauter weißen Lilien und Rosen bekränzt. Nun sagte diese Frau wieder: ›Dieses wird dein Grab sein!‹ Da sagte ich zu ihr: ›Ach, gute Frau, ich bin ja froh, wenn ich *ein* Grab habe. Was würde ich denn mit dreien tun?‹ Und als ich dies sagte, verschwand sie.«[11]

***

Schließlich kam der März 1999; das Datum der Seligsprechung Anna Schäffers rückte näher. Am Abend zuvor »hielt der damalige Präfekt der Glaubenskongregation, Kardinal Joseph Ratzinger (der spätere Papst Benedikt XVI.), in der römischen Basilika St. Paul vor den Mauern zur Vorbereitung der Pilger eine Predigt, in der er Anna Schäffers Lebensauftrag in unvergessener Weise für unsere Zeit deutete. Sie habe während der 25 Jahre ihres Leidens eine ›große Reise nach innen und nach oben‹ gemacht und so in der Nacht des Leidens ›den Tag Jesu Christi‹ gefunden. Anna Schäffer habe sich ›hineinversenkt in das Geheimnis des leidenden Christus, ist mit ihm, der ein Mitleidender für uns war, eine Mitleidende geworden‹. So seien am Ende die Menschen nicht mehr deswegen zu ihr gekommen, um sie zu trösten, sondern um von ihr getröstet zu werden.«[12]

Papst Johannes Paul II. ging in seiner Predigt am 7. März 1999 in der St. Petersbasilika in Rom auf den Zusammenhang von Leiden und Dienst im Leben Anna Schäffers ein. »Je mehr ihr Lebensweg zum Leidensweg wurde, umso stärker wuchs in ihr die Erkenntnis, dass Krankheit und Schwäche die Zeilen sein können, auf denen Gott sein Evangelium schreibt. Ihr Krankenzimmer nennt sie eine ›Leidenswerkstatt‹, um dem Kreuz Christi immer gleichförmiger zu werden. Sie spricht von drei Himmelsschlüsseln, die Gott ihr gegeben habe. [...] Gerade im größten Schmerz wird Anna Schäffer die Verantwortung bewusst, die jeder Christ für das Heil seiner Mitmenschen hat. Dazu gebraucht sie den Federhalter. Ihr Krankenbett wird die Wiege eines weitgespannten Briefapostolats. Was ihr an Kraft bleibt, verwendet sie für die Anfertigung von Stickereien, um damit anderen eine Freude zu bereiten. Ob auf den Briefen oder bei der Handarbeit, ihr Lieblingsmotiv ist das Herz Jesu als Symbol der göttlichen Liebe. Dabei fällt auf, dass sie die Flammen aus dem Herzen Jesu nicht als Feuerflammen, sondern als

Weizenähren darstellt. Der Bezug zur Eucharistie, die Anna Schäffer täglich von ihrem Pfarrer empfangen hat, ist unverkennbar. Das so gedeutete Herz Jesu ist deshalb das Attribut, das die neue Selige bei sich tragen wird.«[13]

***

Es sollten noch einmal dreizehn Jahre vergehen, bis Anna Schäffer die nächste Etappe der kirchlichen Verehrung erklimmen konnte: »Papst Benedikt XVI. sprach am 21. Oktober 2012 vor circa 80 000 Menschen die selige Anna Schäffer von Mindelstetten heilig. Mit diesem feierlichen Akt stellte er das Lebens- und Glaubenszeugnis Anna Schäffers der gesamten Weltkirche vor Augen«, schreibt Georg Franz X. Schwager, der Nachfolger Emmeram Ritters auf dem Posten des Leiters der Abteilung für Selig- und Heiligsprechungsprozesse, in seinem schönen Büchlein zur Heiligsprechung der nun weltbekannten Mindelstetterin.[14]

Am Tag zuvor hatte der neue Regensburger Hirte, Erzbischof Gerhard Ludwig Müller, in der römischen Basilika St. Paul vor den Mauern eine Eucharistiefeier zur Vorbereitung der Heiligsprechung zelebriert. Dann kam der große Tag: »Es war die letzte Heiligsprechungszeremonie, die Papst Benedikt XVI. am 21. Oktober 2012 während seines Pontifikats leitete. Und die selige Anna Schäffer sollte nach Gottes Ratschluss auch die letzte Person sein, die aus seinem Munde heiliggesprochen wurde. [...] Strahlender Sonnenschein und sommerliche Temperaturen bildeten den äußeren Rahmen dieser Feier, die die Kirche auf Erden aus fernsten Nationen, aber ebenso auch Himmel und Erde miteinander verband. Jubel tönte dem Stellvertreter Christi entgegen, als er aus der Petersbasilika im Gefolge der konzelebrierenden Kardinäle, Bischöfe und Priester auf den Petersplatz trat.«[15]

Sieben Selige standen auf dem Programm: Der französische Jesuitenmissionar Jacques Berthieu, der philippinische Missionar Pedro Calungsod, der italienische Priester Giovanni Battista Piamarta, die spanische Ordensfrau Maria del Monte Carmelo Salles y Barangueras, die deutschstämmige Missionsschwester Marianne Cope, die Indianerin Kateri Tekakwitha und schließlich Anna Schäffer, deren Leben Benedikt XVI. wie folgt zusammenfasste: »Anna Schäffer aus Mindelstetten wollte als Jugendliche in einen Missionsorden eintreten. Da sie aus einfachen Verhältnissen stammte, versuchte sie, die nötige Aussteuer für die Aufnahme ins Kloster als Dienstmagd zu verdienen. In dieser Stellung erlitt sie einen schweren Unfall mit unheilbaren Verbrennungen an den Beinen, der sie für ihr ganzes weiteres Leben ans Bett fesselte. So wurde ihr das Krankenlager zur Klosterzelle und das Leiden zum Missionsdienst. Sie haderte zunächst mit ihrem Schicksal, verstand ihre Situation dann aber als einen liebevollen Ruf des Gekreuzigten in seine Nachfolge. Gestärkt durch die tägliche Kommunion wurde sie zu einer unermüdlichen Fürsprecherin im Gebet und zu einem Spiegel der Liebe Gottes für viele Ratsuchende. Ihr Apostolat des Betens und des Leidens, des Opferns und des Sühnens sei den Gläubigen in ihrer Heimat ein leuchtendes Vorbild, ihre Fürbitte stärke die christliche Hospizbewegung in ihrem segensreichen Wirken.«[16]

Am Tag danach, den 22. Oktober 2012, ging es weiter mit den römischen Feierlichkeiten, wie die Bischöfliche Pressestelle Regensburg berichtet. »Am Montag wurde an der Cathedra im Petersdom der diözesane Dankgottesdienst mit Erzbischof Dr. Gerhard Ludwig Müller gefeiert. Er erinnerte noch einmal daran, mit welcher Hingabe die einfache Frau Anna Schäffer ihr Leiden angenommen hat. »Durch sie konnte die Herrlichkeit Gottes aufleuchten«, so der Erzbischof. »Im Kreuz ist Heil, im Kreuz ist Leben, im Kreuz ist Hoffnung«, betonte der Erzbischof und verwies darauf, dass

»Anna Schäffer ein Vorbild dafür ist, dass Gott die Kraft zum Leben gibt«.[17] Auch auf lokaler Ebene, in Mindelstetten und Regensburg, wurde das Ereignis der Heiligsprechung angemessen gewürdigt und gefeiert.

10. Gebetserhörungen

Es gibt in einem aktuellen Anna-Schäffer-Rundbrief eine beeindruckende Übersicht der Gebetserhörungen von 1929 bis 2017.[1] Zu Beginn liegt die jährliche Zahl bei circa 500 pro Jahr, mittlerweile hat sich die Zahl der jährlichen Gebetserhörungen bei über 1000 eingependelt. Die Gesamtzahl der gemeldeten Gebetserhörungen liegt bei 34 763.

Statistiken sind staubtrocken, sie basieren auf Zahlen, Ziffern, Mathematik. Das muss so sein. Doch hinter jeder dieser Zahlen steckt eine Geschichte, mitunter ein Drama, das sich zum Guten gefügt hat. Anna Schäffer, die während ihres irdischen Daseins mit so viel menschlicher Not konfrontiert wurde, ist das Schicksal derjenigen, die sich an sie wenden, nicht gleichgültig. »Komm nur an mein Grab, ich verstehe Dich schon.« Diese Worte Anna Schäffers, die auf dem bekannten Heiligenkärtchen zu finden sind, sind ein Versprechen, das gültig bleibt. Das sich jeden Tag neu erfüllt.

Oft – dies kann man dem von Georg Franz X. Schwager herausgegebenen Büchlein »Gelebtes Vertrauen« entnehmen, das »Zeugnisse auffallender Gebetserhörungen auf die Fürsprache Anna Schäffers« enthält – hilft die Mystikerin des Leidens aus Mindelstetten gerade bei Krankheits- und Familienangelegenheiten.[2] Sie, deren Leben von medizinischen und familiären Erfahrungen bestimmt wurde, scheint den Menschen gerade auf diesem Gebiet sehr nahe zu sein – und viele Menschen erkennen dies.

So schreibt eine Person, deren Name und Anschrift im Archiv des Bischöflichen Konsistoriums hinterlegt wurde, im

Jahr 2010 an das Bistum Regensburg: »In meinem Brief möchte ich von drei Gebetserhörungen in unserer Familie berichten, welche ich mit Bestimmtheit der seligen Anna Schäffer von Mindelstetten zuschreiben kann. Am 31. Dezember 2009 wurde bei meinem Sohn T. in der Notaufnahme im Klinikum I. ein hühnereigroßer Tumor am linken Schienbeinknochen festgestellt. Mein Mann war mit ihm an diesem Silvestervormittag dorthin gefahren, nachdem T. nach einem Skiausflug am Vortag furchtbare Schmerzen im Bein hatte. Eine Woche später wurde bei T. eine Gewebeprobe durch ein kleines Bohrloch im Schienbein entnommen. Das Bangen, Hoffen und Beten dauerte bis zum 20. Januar (T. war krankgeschrieben, lief mit Krücken und durfte das linke Bein nicht belasten, da Gefahr bestand, dass der Knochen bricht und splittert), als das erlösende Ergebnis, dass es sich um eine gutartige Zyste handelt, eintraf. Am 26. Januar folgte die Operation, bei der die Zyste aus dem Schienbein geschabt wurde. Die Operation dauerte knapp zwei Stunden. Das Bein war in Gips gelegt, an der Hüfte ein großer Operationsschnitt und nun musste die Heilung beginnen, welche voraussichtlich bis Ostern dauern würde. T. musste bis dahin auf Krücken hüpfen. Am 22. Februar 2010 hatte T. einen Termin zur Kontrolluntersuchung im Klinikum. Der Arzt konnte gar nicht glauben, was er auf dem Röntgenbild sah. Alles war vollständig und gut zusammengewachsen – und das nach so kurzer Zeit! Unser Sohn durfte sofort ohne Krücken gehen, sollte nur noch auf ruckartige Stoßbewegungen, z. B. Springen, achtgeben. Er wurde acht Wochen früher – entgegen allen Vorhersagen – als geheilt erklärt.

In der Zeit zwischen T.'s erster und zweiter Operation wurde am 12. Januar meine Mutter mit Blinddarmdurchbruch ins Krankenhaus eingeliefert. Da sie wegen ihres Herzens ein Blutverdünnungsmittel einnimmt, konnte erst 24 Stunden später operiert werden. Es war laut Ärzteaussagen eine sehr schwere Operation und sie hatte viel Glück gehabt. Fünf Tage später bekam sie in ihrem geschwächten Zustand auch noch eine schmerzhafte Gürtelrose am linken Schulterblatt. Die Schmerzmittel, die sie alle einnehmen musste, griffen ihren Magen an, sodass sie viel Gewicht verlor. Als sie Ende Januar entlassen wurde, war meine Mutter alles andere als gesund. Daheim holte sie sich auch noch eine Blasenentzündung. Im folgenden halben Jahr hatte meine Mutter viele Schmerzen und war sehr schwach. Sie erholte sich sehr, sehr langsam, aber jetzt, Mitte Juli, ist meine Mutter wieder fast bei alten Kräften.

Unsere Tochter H. ging dieses Schuljahr in die 10. Klasse der Realschule K. Durch dieses ganze Durcheinander fielen ihre schulischen Leistungen derart rapide ab, dass sich bei der Zwischenzeugnisvergabe abzeichnete, sie bestehe dieses Schuljahr nicht, ganz zu schweigen von den Abschlussprüfungen. Wir waren geschockt, hatte sie doch schon eine Lehrstellenzusage als Werkzeugmacherin. Durch ihr fleißiges Lernen, ihren Willen, es noch zu schaffen, ihr Beten, ihren Glauben, dass die selige Anna Schäffer hilft (sie hatte immer eine Medaille von ihr in der Hosentasche), und die Nachhilfestunden, die wir sofort organisiert hatten, hat H. jetzt das Schuljahr und die Mittlere Reife besser als gedacht bestanden. Ich bin der festen Überzeugung, dass meine täglichen Gebete an die liebe selige Anna Schäffer, drei Besuche an ihrem Grab und zwei hl. Messen, die ich bei uns in der Kirche bestellt habe, bewirkt haben, dass unsere Familie in diesem schweren halben Jahr die Kraft aufbringen konnte, alles gemeinsam durchzustehen, und dass alles gut ausgegangen ist.«[3]

Kinder kamen häufig an ihr Krankenbett, deshalb überrascht es nicht, dass die himmlische Anna Schäffer sich gerade auch den Kleinen zuwendet, um Heilung zu erwirken, wie ein anderes berührendes Beispiel zeigt. So steht in einem Brief: »Unsere Enkelin A. Sch. (8 Jahre) litt seit der

Geburt unter schweren Augenschäden. Sie tastete mit dem Fuß die Beschaffenheit des Bodens ab, um an Unebenheiten nicht zu fallen. Sie stürzte oft schmerzlich beim Überqueren der Straßen, weil sie die Bordsteinkante des Bürgersteiges nicht sah. Sie sah unter bestimmten Winkeln wenig oder gar nichts, verdrehte deswegen immer wieder den Kopf, um besser zu sehen. An einem Auge hatte sie nur 20 % Sehstärke und war stark kurzsichtig. Dazu stellte der Arzt noch einen vererbten Grauen Star fest. Das hatte Folgen in der Schule, weil sie viele Sachen nicht sehen konnte. In einer Schule nahm man sie wegen dieser Behinderung nicht an. Meine Frau fand in der Kirche die ›Neun Gebetstage zu Anna Schäffer‹. Am Anfang der vierten Novene (20.02.2000) war Anna wieder beim Augenarzt, der erstaunt feststellte, dass die Augen völlig gesund sind; sogar die Brille ist überflüssig. Anna Schäffer ist unsere große Helferin geworden.«[4]

Interessant auch eine kurze Notiz, die am 16. Mai 2010 an Domvikar Schwager geschickt wurde zur Förderung des Heiligsprechungsprozesses Anna Schäffers. Ein Gnadenerweis, der zu belegen scheint, dass Anna Schäffer weiterhin auch nachts in der Welt der Träume aktiv ist.

»Vor 11 Jahren habe ich eine Begebenheit erlebt, die ich damals folgendermaßen in meinem Tagebuch notiert habe: 24./25.1. 99 – Ich träume von einer jungen Frau mit dunklen, ernsten Augen und dunklen Haaren. Sie trägt ein weißes Gewand und liegt aufgerichtet in einem Bett. Mir wird gesagt: ›Deine Rettung.‹ Am 28.1.99 teile ich dieses Traumbild Pfarrer B. S. mit. Er teilt mir mit, dass er am 24.1.99 in Mindelstetten gewesen sei am Grab der Anna Schäffer; er habe sie um Hilfe für mich gebeten. Ich bekomme ihr Traumheft und Bilder zugesandt. Ich erkenne sie wieder. Meine neue Seelenführerin. Gelobt sei Jesus Christus.«

34 763 Gebetserhörungen, Stand 2017. Wie viele werden es mittlerweile sein? Wenn Anna Schäffer im Ausland noch bekannter werden sollte, dürfte die Zahl der Erhörungen erheblich zunehmen. Europa, Asien, Afrika, Amerika, Südamerika. Die junge Heilige aus Bayern, die unbedingt in die Mission gehen wollte, hat sicher noch einige globale Hilfsinterventionen vor.

Vermutlich hat ihre himmlische Mission gerade erst begonnen.

Anna Schäffers Lebenslauf

18. Februar 1882
Geburt in Mindelstetten.

1888 bis 1895
Besuch der Schule in Mindelstetten.

12. April 1893
Erstkommunion – Sie bietet Jesus ihr Leben als Opfer an.

16. Juli 1894
Firmung.

1895 bis 1901
Verschiedene Dienste (u. a. in Regensburg, Landshut) mit der Absicht, die notwendige Aussteuer für den Ordenseintritt aufbringen zu können.

Juni 1889
Jesu bereitet sie im Traum auf ihre Leidensmission vor.

4. Februar 1901
Unfall beim Dienst im Forsthaus in Stammheim: Sie fällt in der Waschküche in einen Laugenkessel.

Bis Mai 1902
Beginn der Leidenszeit: Krankenhaus in Kösching, Klinik in Erlangen, Entlassung als Frühinvalidin.

Mai 1902 bis Herbst 1910
Krankenlager, Armut, Aufbäumen und Ergebung; Entschluss, das eigene Leben und Leiden als Sühneopfer darzubringen.

Herbst 1910 bis 1923
Zahlreiche Visionen (»Träume«), Stigmata, Fürbitt- und Schreibapostolat (Österreich, Schweiz, Amerika).

Ab April 1923 bis Oktober 1925
Lähmung der Beine, Krämpfe, Mastdarmkrebs, Gehirnverletzung.

5. Oktober 1925
Tod.

8. Oktober 1925
Beerdigung durch Pfarrer Rieger, ihren spirituellen und materiellen Helfer, in Mindelstetten.

26. Juli 1972
Erste Umbettung der Gebeine.

17. März 1973
Seligsprechungsprozess wird auf Diözesanebene eingeleitet.

4. Dezember 1978
Beginn des Seligsprechungsprozesses in Rom.

11. Juli 1995
Verleihung des heroischen Tugendgrades.

7. März 1999
Seligsprechung durch Papst Johannes Paul II. in Rom.

21. Oktober 2012
Heiligsprechung durch Papst Benedikt XVI. in Rom.

Anmerkungen

Prolog

1 Domvikar Georg Franz X. Schwager, »Liebe wächst im Leiden – Anna Schäffer von Mindelstetten (1882–1925)«, in: *L'Osservatore Romano*, 5. März 1999, S. 6.
2 *Im Leiden habe ich Dich lieben gelernt! – Die Schriften Anna Schäffers,* dokumentiert von Emmeram H. Ritter, Abteilung für Selig- und Heiligsprechungsprozesse für das Bistum Regensburg, 1999, S. 244.
3 Ebd., S. 244.

1. Geburt und Kindheit (1882 bis 1893)

1 Emmeram H. Ritter, *Anna Schäffer. Eine Selige aus Bayern,* Verlag Schnell & Steiner, Regensburg 2012, S. 77.
2 Vgl. ebd., S. 26.
3 Vgl. ebd.
4 Vgl. ebd., S. 27.
5 Ebd.
6 Ebd., S. 77.
7 Ob der Alkohol wirklich die »schwache Seite« des Vaters war, wie A. M. Weigl schreibt? Emmeram H. Ritter bezweifelt es. Vgl. A. M. Weigl, *Geschichte einer Liebe. Leiden und Lieben der stigmatisierten seligen Anna Schäffer von Mindelstetten*, St. Grignion-Verlag, Altötting [16]2002, S. 30.
8 Vgl. ebd., S. 30–32.
9 Emmeram H. Ritter, *Anna Schäffer. Eine Selige aus Bayern,* Verlag Schnell & Steiner, Regensburg 2012, S. 31.
10 Ebd., S. 30.
11 Ebd., S. 33.

12 *Im Leiden habe ich Dich lieben gelernt! – Die Schriften Anna Schäffers,* dokumentiert von Emmeram H. Ritter, Abteilung für Selig- und Heiligsprechungsprozesse für das Bistum Regensburg, 1999, S. 17 f.

2. Frühe Dienste (1894 bis 1901)

1 Vgl. Emmeram H. Ritter, *Anna Schäffer. Eine Selige aus Bayern,* Verlag Schnell & Steiner, Regensburg 2012, S. 34 f.
2 Ebd., S. 33 f.
3 Ebd., S. 35.
4 Ebd., S. 36.
5 Alfons M. Weigl, *Anna Schäffers geheimnisvolles Schauen,* St. Grignion-Verlag, Altötting 2013, S. 10–12.
6 Emmeram H. Ritter, *Anna Schäffer. Eine Selige aus Bayern,* Verlag Schnell & Steiner, Regensburg 2012, S. 87 f.
7 Ebd., S. 37.

3. Beginn der Leidenszeit (4. Februar 1901 bis Mai 1902)

1 Vgl. Emmeram H. Ritter, *Anna Schäffer. Eine Selige aus Bayern,* Verlag Schnell & Steiner, Regensburg 2012, S. 64.
2 Ebd., S. 64 f.
3 Ebd., S. 65.
4 Ebd., S. 65.
5 Ebd., S. 65 f.
6 Ebd., S. 66.
7 Ebd., S. 86.
8 Ebd., S. 66.

4. In der Schule des Leidens (Mai 1902 bis Herbst 1910)

1 Emmeram H. Ritter, *Anna Schäffer. Eine Selige aus Bayern,* Verlag Schnell & Steiner, Regensburg 2012, S. 66 f.
2 *Im Leiden habe ich Dich lieben gelernt! – Die Schriften Anna Schäffers,* dokumentiert von Emmeram H. Ritter, Abteilung für Selig-

und Heiligsprechungsprozesse für das Bistum Regensburg, 1999, S. 19.

3 Emmeram H. Ritter, *Anna Schäffer. Eine Selige aus Bayern*, Verlag Schnell & Steiner, Regensburg 2012, S. 251.

4 Ebd., S. 252.

5 Ebd., S. 252 f.

6 Ebd., S. 252.

7 Ebd., S. 89–93.

8 Ebd., S. 96.

9 Ebd., S. 97.

5. Außerordentliche Dinge (ab Herbst 1910 bis 1923)

1 Emmeram H. Ritter, *Anna Schäffer. Eine Selige aus Bayern*, Verlag Schnell & Steiner, Regensburg 2012, S. 260.

2 Ebd.

3 Ebd.

4 Ebd.

5 Domvikar Georg Franz X. Schwager, »Liebe wächst im Leiden – Anna Schäffer von Mindelstetten (1882–1925)«, in: *L'Osservatore Romano*, 5. März 1999, S. 6.

6 Emmeram H. Ritter, *Anna Schäffer. Eine Selige aus Bayern*, Verlag Schnell & Steiner, Regensburg 2012, S. 261.

7 Ebd.

8 Ebd.

9 Ebd., S. 261 f.

10 Ebd., S. 262.

11 Ebd.

12 Ebd., S. 100.

13 *Im Leiden habe ich Dich lieben gelernt! – Die Schriften Anna Schäffers*, dokumentiert von Emmeram H. Ritter, Abteilung für Selig- und Heiligsprechungsprozesse für das Bistum Regensburg, 1999, S. 56 f.

14 Emmeram H. Ritter, *Anna Schäffer. Eine Selige aus Bayern*, Verlag Schnell & Steiner, Regensburg 2012, S. 101–102.

15 Ebd., S. 102.

16 Ebd., S. 102–103.

17 *Im Leiden habe ich Dich lieben gelernt! – Die Schriften Anna Schäffers,* dokumentiert von Emmeram H. Ritter, Abteilung für Selig- und Heiligsprechungsprozesse für das Bistum Regensburg, 1999, S. 58.

18 Emmeram H. Ritter, *Anna Schäffer. Eine Selige aus Bayern,* Verlag Schnell & Steiner, Regensburg 2012, S. 104.

19 Ebd., S. 105.

20 Vgl. ebd., S. 104.

21 Ebd., S. 105.

22 Ebd., S. 106.

23 *Im Leiden habe ich Dich lieben gelernt! – Die Schriften Anna Schäffers,* dokumentiert von Emmeram H. Ritter, Abteilung für Selig- und Heiligsprechungsprozesse für das Bistum Regensburg, 1999, S. 59 f.

24 Ebd., S. 62.

25 Ebd., S. 63.

26 Ebd., S. 25.

27 Ebd.

28 Ebd.

29 Ebd.

30 Ebd., S. 64.

31 Ebd.

32 Ebd., S. 68.

33 Ebd., S. 80 f.

34 Ebd., S. 70.

35 Ebd., S. 75.

36 Ebd., S. 73.

37 Ebd., S. 73 f.

38 Ebd., S. 74.

39 Vgl. Emmeram H. Ritter, *Anna Schäffer. Eine Selige aus Bayern,* Verlag Schnell & Steiner, Regensburg 2012, S. 110.

40 *Im Leiden habe ich Dich lieben gelernt! – Die Schriften Anna Schäffers,* dokumentiert von Emmeram H. Ritter, Abteilung für Selig- und Heiligsprechungsprozesse für das Bistum Regensburg, 1999, S. 77.

41 Ebd., S. 78.

42 Ebd.

43 Vgl. Emmeram H. Ritter, *Anna Schäffer. Eine Selige aus Bayern*, Verlag Schnell & Steiner, Regensburg 2012, S. 112.

44 Ebd., S. 113.

45 *Im Leiden habe ich Dich lieben gelernt! – Die Schriften Anna Schäffers*, dokumentiert von Emmeram H. Ritter, Abteilung für Selig- und Heiligsprechungsprozesse für das Bistum Regensburg, 1999, S. 87.

46 Ebd.

47 Ebd., S. 85 f.

48 Ebd., S. 89 f.

49 Ebd., S. 92. Siehe auch: Julia Wächter, »Das unbekannte Ereignis, das Anna Schäffer aus Bayern mit Anna Taigi aus Rom verbindet«, *CNA*, 25. Juli 2018, https://de.catholicnewsagency.com/story/das-unbekannte-ereignis-das-anna-schaffer-aus-bayern-mit-anna-taigi-aus-rom-verbindet-3477.

50 Ebd.

51 *Im Leiden habe ich Dich lieben gelernt! – Die Schriften Anna Schäffers*, dokumentiert von Emmeram H. Ritter, Abteilung für Selig- und Heiligsprechungsprozesse für das Bistum Regensburg, 1999, S. 94.

52 Emmeram H. Ritter, *Anna Schäffer. Eine Selige aus Bayern*, Verlag Schnell & Steiner, Regensburg 2012, S. 113.

53 Vgl. *Im Leiden habe ich Dich lieben gelernt! – Die Schriften Anna Schäffers*, dokumentiert von Emmeram H. Ritter, Abteilung für Selig- und Heiligsprechungsprozesse für das Bistum Regensburg, 1999, S. 94.

54 Ebd., S. 96.

55 Ebd.

56 Emmeram H. Ritter, *Anna Schäffer. Eine Selige aus Bayern*, Verlag Schnell & Steiner, Regensburg 2012, S. 115.

57 *Im Leiden habe ich Dich lieben gelernt! – Die Schriften Anna Schäffers*, dokumentiert von Emmeram H. Ritter, Abteilung für Selig- und Heiligsprechungsprozesse für das Bistum Regensburg, 1999, S. 99 f.

58 Emmeram H. Ritter, *Anna Schäffer. Eine Selige aus Bayern*, Verlag Schnell & Steiner, Regensburg 2012, S. 116.

59 *Im Leiden habe ich Dich lieben gelernt! – Die Schriften Anna Schäffers,* dokumentiert von Emmeram H. Ritter, Abteilung für Selig- und Heiligsprechungsprozesse für das Bistum Regensburg, 1999, S. 200 f.

60 Ebd., S. 102 f.

61 Ebd., S. 105 f.

62 Alfons M. Weigl, *Anna Schäffers geheimnisvolles Schauen,* St. Grignion-Verlag, Altötting 2013, S. 83–85.

63 Ebd., S. 85.

64 *Im Leiden habe ich Dich lieben gelernt! – Die Schriften Anna Schäffers,* dokumentiert von Emmeram H. Ritter, Abteilung für Selig- und Heiligsprechungsprozesse für das Bistum Regensburg, 1999, S. 107.

65 Ebd., S. 108.

66 Ebd., S. 109.

67 Ebd., S. 111.

68 Ebd., S. 113.

69 Emmeram H. Ritter, *Anna Schäffer. Eine Selige aus Bayern,* Verlag Schnell & Steiner, Regensburg 2012, S. 320.

70 Ebd.

71 Vgl. *Im Leiden habe ich Dich lieben gelernt! – Die Schriften Anna Schäffers,* dokumentiert von Emmeram H. Ritter, Abteilung für Selig- und Heiligsprechungsprozesse für das Bistum Regensburg, 1999, S. 113.

72 Emmeram H. Ritter, *Anna Schäffer. Eine Selige aus Bayern,* Verlag Schnell & Steiner, Regensburg 2012, S. 120.

73 *Im Leiden habe ich Dich lieben gelernt! – Die Schriften Anna Schäffers,* dokumentiert von Emmeram H. Ritter, Abteilung für Selig- und Heiligsprechungsprozesse für das Bistum Regensburg, 1999, S. 115.

74 Ebd., S. 116.

75 Ebd., S. 118.

76 Ebd., S. 118 f.

77 Ebd., S. 119.

78 Ebd.

79 Ebd., S. 121.

80 Ebd., S. 123.

81 Ebd.

82 Ebd., S. 125.

83 Ebd., S. 123.

84 Vgl. Emmeram H. Ritter, *Anna Schäffer. Eine Selige aus Bayern*, Verlag Schnell & Steiner, Regensburg 2012, S. 326 f.

85 Vgl. ebd., S. 327.

86 Ebd., S. 125.

87 Ebd., S. 125 f.

88 *Im Leiden habe ich Dich lieben gelernt! – Die Schriften Anna Schäffers*, dokumentiert von Emmeram H. Ritter, Abteilung für Selig- und Heiligsprechungsprozesse für das Bistum Regensburg, 1999, S. 130 f.

89 Ebd., S. 131.

90 Emmeram H. Ritter, *Anna Schäffer. Eine Selige aus Bayern*, Verlag Schnell & Steiner, Regensburg 2012, S. 381.

91 Ebd., S. 126 f.

92 Ebd., S. 127.

93 *Im Leiden habe ich Dich lieben gelernt! – Die Schriften Anna Schäffers*, dokumentiert von Emmeram H. Ritter, Abteilung für Selig- und Heiligsprechungsprozesse für das Bistum Regensburg, 1999, S. 137 f.

94 Ebd., S. 138.

95 Alfons M. Weigl, *Anna Schäffers geheimnisvolles Schauen*, St. Grignion-Verlag, Altötting 2013, S. 51–53.

96 *Im Leiden habe ich Dich lieben gelernt! – Die Schriften Anna Schäffers*, dokumentiert von Emmeram H. Ritter, Abteilung für Selig- und Heiligsprechungsprozesse für das Bistum Regensburg, 1999, S. 141.

97 Alfons M. Weigl, *Anna Schäffers geheimnisvolles Schauen*, St. Grignion-Verlag, Altötting 2013, S. 96.

98 Emmeram H. Ritter, *Anna Schäffer. Eine Selige aus Bayern*, Verlag Schnell & Steiner, Regensburg 2012, S. 126.

99 *Im Leiden habe ich Dich lieben gelernt! – Die Schriften Anna Schäffers*, dokumentiert von Emmeram H. Ritter, Abteilung für Selig- und Heiligsprechungsprozesse für das Bistum Regensburg, 1999, S. 149 f.

[100] Vgl. Emmeram H. Ritter, *Anna Schäffer. Eine Selige aus Bayern*, Verlag Schnell & Steiner, Regensburg 2012, S. 129.

[101] *Im Leiden habe ich Dich lieben gelernt! – Die Schriften Anna Schäffers*, dokumentiert von Emmeram H. Ritter, Abteilung für Selig- und Heiligsprechungsprozesse für das Bistum Regensburg, 1999, S. 152.

[102] Emmeram H. Ritter, *Anna Schäffer. Eine Selige aus Bayern*, Verlag Schnell & Steiner, Regensburg 2012, S. 328.

[103] *Im Leiden habe ich Dich lieben gelernt! – Die Schriften Anna Schäffers*, dokumentiert von Emmeram H. Ritter, Abteilung für Selig- und Heiligsprechungsprozesse für das Bistum Regensburg, 1999, S. 159 f.

[104] Ebd., S. 160.

[105] Ebd., S. 165.

[106] Ebd.

[107] Emmeram H. Ritter, *Anna Schäffer. Eine Selige aus Bayern*, Verlag Schnell & Steiner, Regensburg 2012, S. 329 f.

[108] *Im Leiden habe ich Dich lieben gelernt! – Die Schriften Anna Schäffers*, dokumentiert von Emmeram H. Ritter, Abteilung für Selig- und Heiligsprechungsprozesse für das Bistum Regensburg, 1999, S. 168.

[109] Ebd., S. 174.

[110] Ebd., S. 177 f.

[111] Alfons M. Weigl, *Anna Schäffers geheimnisvolles Schauen*, St. Grignion-Verlag, Altötting 2013, S. 19.

[112] *Im Leiden habe ich Dich lieben gelernt! – Die Schriften Anna Schäffers*, dokumentiert von Emmeram H. Ritter, Abteilung für Selig- und Heiligsprechungsprozesse für das Bistum Regensburg, 1999, S. 183 f.

[113] Ebd., S. 184.

[114] Ebd., S. 183.

[115] Ebd., S. 184.

[116] Ebd., S. 187.

[117] Ebd., S. 193.

[118] Ebd., S. 195.

[119] Ebd., S. 204.

[120] Ebd., S. 207.

121 Ebd., S. 207 f.
122 Ebd., S. 208.
123 Emmeram H. Ritter, *Anna Schäffer. Eine Selige aus Bayern*, Verlag Schnell & Steiner, Regensburg 2012, S. 145.
124 *Im Leiden habe ich Dich lieben gelernt! – Die Schriften Anna Schäffers*, dokumentiert von Emmeram H. Ritter, Abteilung für Selig- und Heiligsprechungsprozesse für das Bistum Regensburg, 1999, S. 211.
125 Ebd., S. 215.
126 Ebd., S. 201 f.
127 Ebd., S. 227.
128 Ebd.
129 Ebd.
130 Emmeram H. Ritter, *Anna Schäffer. Eine Selige aus Bayern*, Verlag Schnell & Steiner, Regensburg 2012, S. 383.
131 *Im Leiden habe ich Dich lieben gelernt! – Die Schriften Anna Schäffers*, dokumentiert von Emmeram H. Ritter, Abteilung für Selig- und Heiligsprechungsprozesse für das Bistum Regensburg, 1999, S. 203.
132 Ebd.
133 Ebd., S. 237.
134 Ebd., S., 231.
135 Ebd.
136 Ebd., S. 231 f.
137 Ebd., S. 232.
138 Ebd., S. 237.
139 Ebd., S. 239.
140 Ebd., S. 238.
141 Ebd.
142 Ebd., S. 246.
143 Ebd., S. 246 f.
144 Ebd., S. 248 f.
145 Ebd.
146 Ebd., S. 253.
147 Ebd., S. 262.
148 Ebd., S. 261.
149 Ebd., S. 256.

150 Ebd., S. 257.
151 Ebd.
152 Ebd., S. 262.
153 Ebd., S. 263.
154 Ebd., S. 265.
155 Ebd., S. 267.
156 Ebd., S. 269.
157 Ebd., S. 270.
158 Ebd., S. 271.
159 Ebd.
160 Alfons M. Weigl, *Anna Schäffers geheimnisvolles Schauen*, St. Grignion-Verlag, Altötting 2013, S. 98.
161 Emmeram H. Ritter, *Anna Schäffer. Eine Selige aus Bayern*, Verlag Schnell & Steiner, Regensburg 2012, S. 386.
162 *Im Leiden habe ich Dich lieben gelernt! – Die Schriften Anna Schäffers*, dokumentiert von Emmeram H. Ritter, Abteilung für Selig- und Heiligsprechungsprozesse für das Bistum Regensburg, 1999, S. 278 f.
163 Alfons M. Weigl, *Anna Schäffers geheimnisvolles Schauen*, St. Grignion-Verlag, Altötting 2013, S. 68 f.
164 Ebd., S. 71.
165 Emmeram H. Ritter, *Anna Schäffer. Eine Selige aus Bayern*, Verlag Schnell & Steiner, Regensburg 2012, S. 387.
166 Ebd.
167 Alfons M. Weigl, *Anna Schäffers geheimnisvolles Schauen*, St. Grignion-Verlag, Altötting 2013, S. 79.
168 *Im Leiden habe ich Dich lieben gelernt! – Die Schriften Anna Schäffers*, dokumentiert von Emmeram H. Ritter, Abteilung für Selig- und Heiligsprechungsprozesse für das Bistum Regensburg, 1999, S. 303.
169 Emmeram H. Ritter, *Anna Schäffer. Eine Selige aus Bayern*, Verlag Schnell & Steiner, Regensburg 2012, S. 388.
170 *Im Leiden habe ich Dich lieben gelernt! – Die Schriften Anna Schäffers*, dokumentiert von Emmeram H. Ritter, Abteilung für Selig- und Heiligsprechungsprozesse für das Bistum Regensburg, 1999, S. 311.
171 Ebd.

172 Alfons M. Weigl, *Anna Schäffers geheimnisvolles Schauen*, St. Grignion-Verlag, Altötting 2013, S. 38 f.

173 Emmeram H. Ritter, *Anna Schäffer. Eine Selige aus Bayern*, Verlag Schnell & Steiner, Regensburg 2012, S. 389.

174 Ebd.

175 *Im Leiden habe ich Dich lieben gelernt! – Die Schriften Anna Schäffers*, dokumentiert von Emmeram H. Ritter, Abteilung für Selig- und Heiligsprechungsprozesse für das Bistum Regensburg, 1999, S. 319.

176 Ebd., S. 326.

177 Ebd., S. 328.

178 Alfons M. Weigl, *Anna Schäffers geheimnisvolles Schauen*, St. Grignion-Verlag, Altötting 2013, S. 73.

179 Ebd.

180 *Im Leiden habe ich Dich lieben gelernt! – Die Schriften Anna Schäffers*, dokumentiert von Emmeram H. Ritter, Abteilung für Selig- und Heiligsprechungsprozesse für das Bistum Regensburg, 1999, S. 335.

181 Ebd., S. 335 f.

182 Ebd., S. 336 f.

183 Ebd., S. 337.

184 Ebd.

6. Körperliche Qualen, Sterben und Tod (25. April 1923 bis 5. Oktober 1925)

1 *Im Leiden habe ich Dich lieben gelernt! – Die Schriften Anna Schäffers*, dokumentiert von Emmeram H. Ritter, Abteilung für Selig- und Heiligsprechungsprozesse für das Bistum Regensburg, 1999, S. 339.

2 Ebd.

3 Alfons M. Weigl, *Anna Schäffers geheimnisvolles Schauen*, St. Grignion-Verlag, Altötting 2013, S. 22.

4 Vgl. Emmeram H. Ritter, *Anna Schäffer. Eine Selige aus Bayern*, Verlag Schnell & Steiner, Regensburg 2012, S. 382.

5 Ebd., S. 382 f.

6 Ebd., S. 390 f.

7 Ebd., S. 384 f.
8 Ebd., S. 384.
9 Ebd., S. 385.
10 Ebd., S. 391.
11 Ebd.
12 Ebd., S. 391 f.
13 Ebd., S. 392.
14 Vgl. ebd.
15 Ebd., S. 393.
16 Ebd.
17 Ebd., S. 394.
18 Ebd.
19 Ebd.
20 Ebd., S. 395.
21 Ebd.
22 Ebd., S. 396.
23 Ebd.
24 Vgl. ebd.
25 Ebd., S. 397.
26 Ebd.
27 Ebd., S. 396.
28 Ebd., S. 396 f.
29 Ebd., S. 398.
30 Ebd.
31 Ebd.
32 Ebd., S. 399.
33 Ebd., S. 398 f.
34 Vgl. ebd., S. 399.
35 Konrad Zoller, *Leben und Leiden der Jungfrau Anna Schäffer von Mindelstetten – Eine Wallfahrt*, Regensburg 1982, S. 45 f.
36 Emmeram H. Ritter, *Anna Schäffer. Eine Selige aus Bayern*, Verlag Schnell & Steiner, Regensburg 2012, S. 172–176, 175 f. Stichwort Bruder: Für die Familienangehörigen muss die Präsenz des vermissten Bruders Leopold in unsichtbarer Gestalt eine schmerzvolle Enthüllung gewesen sein, auch wenn seit dem Krieg viel Zeit vergangen war. Erst 1928 erhielten sie den Hinweis, dass er bereits am 24. September 1914 als Soldat gefallen war.

37 Ebd., S. 401.
38 Ebd.
39 Ebd., S. 403.
40 Ebd., S. 161.
41 Ebd.

7. Beerdigung und Verehrung

1 Emmeram H. Ritter, *Anna Schäffer. Eine Selige aus Bayern,* Verlag Schnell & Steiner, Regensburg 2012, S. 161.
2 Ebd., S. 161 f.
3 Ebd., S. 162.
4 Ebd.
5 Ebd.
6 Ebd., S. 163.
7 Ebd.
8 Ebd.
9 Ebd., S. 165.
10 Ebd., S. 165 f.
11 Ebd., S. 172 f.
12 Ebd., S. 181.
13 Ebd., S. 185.
14 Ebd., S. 464.
15 Ebd., S. 452.
16 Ebd., S. 453.
17 Ebd., S. 465.
18 Ebd., S. 468.
19 Ebd., S. 468 f.
20 Vgl. ebd., S. 470.
21 Ebd., S. 472.
22 Ebd., S. 491.

8. Umbettung der Gebeine und Eröffnung des Seligsprechungsprozesses (1976)

1 Emmeram H. Ritter, *Anna Schäffer. Eine Selige aus Bayern,* Verlag Schnell & Steiner, Regensburg 2012, S. 497.

2 Ebd., S. 499 f.

3 Ebd., S. 510 f.

4 Ebd., S. 512.

5 Ebd.

6 Anna-Schäffer-Bruderschaft (Hg.), *Vor 20 Jahren: Seligsprechung Anna Schäffers,* Jahrgang 2019, Nr. 6, S. 10.

9. Verleihung des heroischen Tugendgrades (11. Juli 1995), Seligsprechung durch Johannes Paul II. (7. März 1999) und Heiligsprechung durch Benedikt XVI. (21. Oktober 2012)

1 Emmeram H. Ritter, *Anna Schäffer. Eine Selige aus Bayern,* Verlag Schnell & Steiner, Regensburg 2012, S. 523.

2 Ebd., S. 549 f.

3 Ebd., S. 554 f.

4 Vgl. ebd., S. 526, 558.

5 Ebd., S. 526.

6 Ebd.

7 Ebd., S. 558.

8 Ebd., S. 559.

9 Ebd., S. 561.

10 Ebd., S. 592.

11 Alfons M. Weigl, *Geschichte einer Liebe – Leiden und Lieben der stigmatisierten seligen Anna Schäffer von Mindelstetten,* St. Grignion-Verlag, Altötting [16]2002, S. 226 f.

12 Georg Franz X. Schwager, *Anna Schäffer – Vorbild der Kranken, Leidenden und Armen,* Verlag Schnell & Steiner, Regensburg 2012, S. 49.

13 Ebd., S. 51.

14 Ebd., S. 7.

15 Ebd.

16 Ebd., S. 52.

17 Ebd., S. 77 f.

10. Gebetserhörungen

1 Anna-Schäffer-Rundbrief, 12 (2018), herausgegeben vom Pfarramt Mindelstetten, Anna-Schäffer-Freundeskreis, Mindelstetten 2018, S. 20 f.

2 Georg Franz X. Schwager, *Gelebtes Vertrauen – Zeugnisse auffallender Gebetserhörungen auf die Fürsprache Anna Schäffers aus den Jahren 1999 bis 2013,* Abteilung für Selig- und Heiligsprechungsprozesse für das Bistum Regensburg, 2013.

3 Anna-Schäffer-Rundbrief, 12 (2018), herausgegeben vom Pfarramt Mindelstetten, Anna-Schäffer-Freundeskreis. Mindelstetten 2018. S. 75 f.

4 Ebd., S. 14.

Tipps zum Weiterlesen

Bistum Regensburg, Abt. für Selig- und Heiligsprechungsprozesse (Hg.), *Liebe wächst im Leiden – die selige Anna Schäffer von Mindelstetten, Kurzbiografie – Novene/Gebete – Gedanken*, Regensburg 1999.

Bistum Regensburg, Abt. für Selig- und Heiligsprechungsprozesse (Hg.), *Mit Jesus vereint – Beten im Geiste der seligen Anna Schäffer – Andachten*, Regensburg 1999.

Bistum Regensburg, Abteilung für Selig- und Heiligsprechungsprozesse (Hg.), *Die selige Anna Schäffer von Mindelstetten; Die Heilige Anna Schäffer von Mindelstetten; Jesus Christus – die Sonne meines Lebens; Anna Schäffer. Pilgerreise der Diözese Regensburg zur Heiligsprechung am 21. Oktober 2012 in Rom*, www.bistum-regensburg.de.

Kirche in Not (Hg.), *Anna Schäffer – ein Leben in stellvertretender Sühne*, Glaubens-Kompass.

Pfarramt Mindelstetten (Hg.), *Kreuzweg im Anna-Schäffer-Garten*.

Pfarramt Mindelstetten (Hg.), *Novene zur heiligen Anna Schäffer in den Anliegen der Neuevangelisierung* (2013).

Schumann, Thomas, *Anna Schäffer – Heilige der Lebensbrüche*, katholisch.de, 1. März 2015.

Schwager, Georg Franz X. (Hg.), *Anna Schäffer – Gedanken und Erinnerungen meines Krankenlebens und meine Sehnsucht nach der ewigen Heimat*, Regensburg 2012.

Schwager, Georg Franz X. (Hg.), *Anna Schäffer – eine neue Heilige*, Dokumentation der Heiligsprechung, Regensburg 2015.

Film/DVD

Jesus Christus – die Sonne meines Lebens. Anna Schäffer: Ihr Leben, ihre Bedeutung, ihre Heiligsprechung, Eine Produktion des Bistums Regensburg in Kooperation mit TVA Regionalfernsehen, Bistum Regensburg, 2012.

Websites

www.anna-schaeffer.de
www.bistum-regensburg.de

Fritz Gerlich

Therese Neumann
von Konnersreuth

Therese Neumann (1898–1962) arbeitete schon früh als Bauernmagd. Nach mehreren Unfällen war sie ab ihrem zwanzigsten Lebensjahr bettlägerig.
Auf die Fürsprache der heiligen Therese von Lisieux wurde sie anlässlich deren Heiligsprechung im Jahr 1925 von schweren Erkrankungen, auch von Blindheit, geheilt. Ab dem Jahr 1926 traten bei ihr die Wundmale Christi auf. Gleichzeitig begannen ihre Visionen des Lebens Jesu, des Lebens Mariens und der Heiligen.
Fritz Gerlich, der Hauptschriftleiter der »Münchner Neuesten Nachrichten« besuchte Therese Neumann in Konnersreuth erstmals im Jahr 1927, da er überzeugt war, dass es sich um einen Schwindel handelte. Diese Besuche wiederholten sich im Laufe der nächsten Jahre. Er war bei ihren Visionen zugegen, konnte die blutenden Stigmata selbst sehen und sich davon überzeugen, dass Therese viele Jahre lang ohne jegliche Nahrung – nur von der Eucharistie – lebte.

Geb., 352 Seiten, ISBN 978-3-9454012-7-9